Le roman de Tristan et Iseut

L'amour toujours

Nous allons lire l'histoire de Tristan et Iseut et dès les premiers chapitres, nous entrerons dans le monde fatal et mystérieux des grandes passions où l'amour rime avec toujours mais aussi avec la mort.

Depuis l'Antiquité, on sait que la passion est un mal, une fureur, une souffrance, mais qu'elle est aussi une force irrésistible contre laquelle on ne peut lutter. Et si elle cesse, on en conservera toujours la « brûlure »[1]. Or, la passion de Tristan et Iseut ne cesse pas et le roman nous conte alors une histoire d'amour unique et exemplaire.

Une « légende mouvante »

Ainsi, la légende de Tristan et Iseut a connu au Moyen Âge un immense succès. La figure des deux jeunes amants éclipse celle des autres héros de romans. Jongleurs et troubadours la propagent partout. Dans toute l'Europe, des récits prennent forme, multiples et changeants, qui ajoutent, retranchent des pans entiers de l'histoire, réalisant une « légende mouvante »[2] qui varie selon les époques, les idées et les goûts. C'est dire la popularité de celle-ci et l'intérêt constant qu'on lui a porté au fil des siècles. Même dans la vie quotidienne, combien de filles et de garçons se sont prénommés comme les héros ; ainsi le fils du roi Saint Louis, Tristan ; dans la vie artistique, combien de peintures, sculptures, enluminures, miniatures retracent les aventures des deux jeunes gens !

---

1. D. de Rougemont, *L'Amour et l'Occident*, U.G.E., 10/18.

Les manuscrits

Le texte que vous allez lire est le fruit du patient travail de Joseph Bédier, éminent médiéviste, qui, en s'appuyant sur les manuscrits qui nous sont parvenus, a écrit cette reconstitution en 1900.

Quels sont ces manuscrits ? Essentiellement ceux, incomplets, de Thomas et Béroul deux auteurs vraisemblablement anglo-normands, dont on ne sait pas grand-chose : clercs, trouvères, jongleurs ? Ils écrivent leur *Tristan* respectif à la fin du XIIe siècle. Il faut compter aussi avec le roman de l'Allemand Eilhart d'Oberg, inspiré de Béroul, et celui de son compatriote Gottfried von Strassburg, inspiré de Thomas (début XIIIe s.). Il existe aussi un roman en prose (début XIIIe s.) et deux récits dits de la *Folie Tristan* (fin XIIe-début XIIIe s.). Nombreux sont ceux qui ont rêvé de retrouver un *Tristan* authentique et complet, à partir des divers manuscrits. Joseph Bédier, quant à lui, a accompli une œuvre cohérente et passionnante en s'appuyant essentiellement sur Béroul, Thomas, Eilhart et Gottfried.

Une histoire éternelle

La liste des œuvres qui, jusqu'à nos jours, se réclament de *Tristan et Iseut*, serait longue ; œuvres littéraires, musicales (*Tristan et Isolde*, de Richard Wagner, 1865), picturales (fresques du Neuchwanstein, au château de Louis II de Bavière, ami et protecteur de Wagner), cinématographiques (*L'Éternel retour*, 1943, version modernisée du roman, par Jean Cocteau et Jean Delannoy).

Car *Tristan et Iseut* se rattache au grand thème des amours contrariées, qui a toujours séduit. Les belles amours sont les amours malheureuses, semble-t-il. « Les gens heureux n'ont pas d'histoires », dit le proverbe. Et l'on sait bien que ces amours impossibles ne sont pas que des amours de papier ou de pellicule, mais qu'elles existent aussi dans la vie.

Pourtant l'appartenance à ce thème populaire et éternel ne suffit pas à expliquer l'immense fortune du roman.

Bataille d'experts

Tristan et Iseut est une histoire étrange et mystérieuse dont on n'a pas fini d'analyser les contours et les détours, et qui exerce une curieuse attirance.

– Mystère des origines d'abord : d'où vient cette histoire ? Repose-t-elle sur des faits réels ? Quelqu'un l'a-t-il inventée ? Aucune certitude. Il existerait un roman d'origine, que l'on n'a malheureusement jamais retrouvé. Tout est conjectures. Certains pensent à une histoire rapportée par les marins et colportée par des trouvères anglo-normands, dans le triangle des trois terres : Irlande, Grande-Bretagne, Bretagne française. Tristan serait Écossais (originaire du Lothian), à moins qu'il ne soit Français (du Léon, en Bretagne). L'incertitude qui plane sur les lieux mêmes, montre comment s'est formée la légende en fondant plusieurs éléments de la réalité.

De patientes recherches ont mis au jour quelques sources possibles : d'anciens récits celtiques (gallois, irlandais), des mythes antiques (Thésée).
On a même cru découvrir un modèle oriental.

– Mystère aussi du contenu : *Tristan et Iseut* s'oppose par bien des points, nous le verrons, à l'idéologie courtoise de l'époque, qui prône en particulier un amour fondé sur le choix et la raison et non un amour imposé par la fatalité.

– Mystère de certains épisodes : pourquoi cette épée entre les deux amants ? pourquoi le retour à la cour ? Des éléments de réponses surgissent, mais ils sont loin de recouvrir la complexité de l'œuvre.

Enfin, l'œuvre est inclassable : ce n'est pas un mythe, si l'on confère à celui-ci un caractère sacré, mais c'en est un si l'on donne à ce mot le sens d'événement si extraordinaire qu'il perdure indéfiniment dans les mémoires. Bien qu'on y voie chevaliers et combats, ce n'est pas une épopée car c'est une aventure individuelle. La fatalité qui sous-tend l'histoire apparenterait plutôt l'œuvre à une tragédie.

C'est, quoi qu'il en soit, une incomparable histoire, qui figure parmi les plus beaux romans d'amour français.

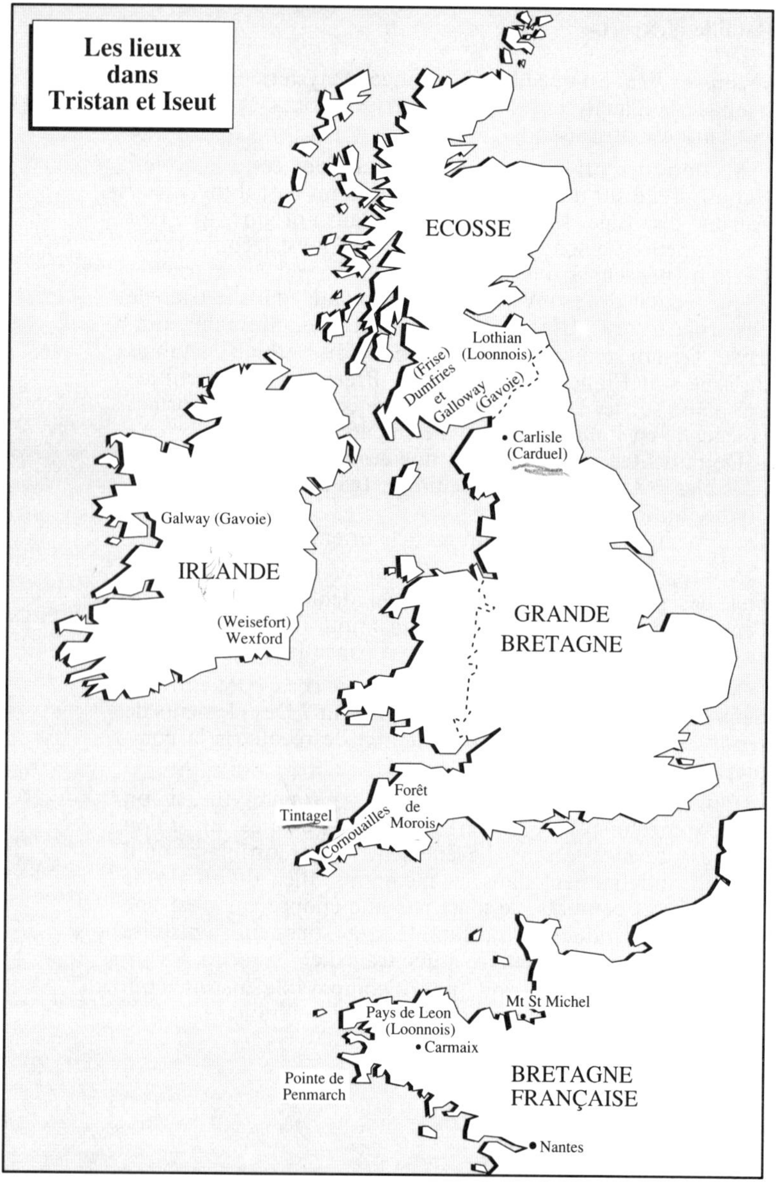
Les lieux dans Tristan et Iseut
ECOSSE
Lothian (Loonnois)
(Frise) Dumfries et Galloway (Gavoie)
Carlisle (Carduel)
Galway (Gavoie)
IRLANDE
(Weisefort) Wexford
GRANDE BRETAGNE
Tintagel
Cornouailles
Forêt de Morois
Mt St Michel
Pays de Leon (Loonnois)
Carmaix
Pointe de Penmarch
BRETAGNE FRANÇAISE
Nantes

PREMIÈRE PARTIE

LE ROMAN DE TRISTAN ET ISEUT

1. L'enfance de Tristan

Seigneurs, vous plaît-il d'entendre un beau conte d'amour et de mort ? C'est de Tristan et d'Iseut la reine. Écoutez comment à grand'joie, à grand deuil* ils s'aimèrent, puis en moururent un même jour, lui par elle, elle par lui.

Aux temps anciens, le roi Marc régnait en Cornouailles. Ayant appris que ses ennemis le guerroyaient, Rivalen, roi de Loonnois, franchit la mer pour lui porter son aide. Il le servit par l'épée et par le conseil, comme eût fait un vassal*, si fidèlement que Marc lui donna en récompense la belle Blanchefleur, sa sœur, que le roi Rivalen aimait d'un merveilleux amour.

Il la prit à femme au moutier* de Tintagel. Mais à peine l'eut-il épousée, la nouvelle lui vint que son ancien ennemi, le duc Morgan, s'étant abattu sur le Loonnois, ruinait ses bourgs, ses camps, ses villes. Rivalen équipa ses nefs* hâtivement et emporta Blanchefleur, qui se trouvait grosse[1], vers sa terre lointaine. Il atterrit devant son château de Kanoël, confia la reine à la sauvegarde de son maréchal[2] Rohalt, Rohalt que tous, pour sa loyauté, appelaient d'un beau nom, Rohalt le Foi-Tenant[3], puis, ayant rassemblé ses barons*, Rivalen partit pour soutenir sa guerre.

Blanchefleur l'attendit longuement. Hélas ! il ne devait pas revenir. Un jour, elle apprit que le duc Morgan l'avait tué en trahison. Elle ne le pleura point : ni cris, ni lamentations, mais ses membres devinrent faibles et vains[4] ; son âme voulut, d'un fort désir, s'arracher de son corps. Rohalt s'efforçait de la consoler :

« Reine, disait-il, on ne peut rien gagner à mettre deuil sur deuil ; tous ceux qui naissent ne doivent-ils pas mourir ? Que Dieu reçoive les morts et préserve les vivants !... »

---

* Les astérisques renvoient au Glossaire, p. 75.

1. Enceinte.
2. Officier royal.
3. Le fidèle.
4. Faibles, épuisés.

Mais elle ne voulut pas l'écouter. Trois jours elle attendit de rejoindre son cher seigneur. Au quatrième jour, elle mit au monde un fils, et, l'ayant pris entre ses bras :

« Fils, lui dit-elle, j'ai longtemps désiré de te voir ; et je vois la plus belle créature que femme ait jamais portée. Triste j'accouche, triste est la première fête que je te fais, à cause de toi j'ai tristesse à mourir. Et comme ainsi tu es venu sur terre par tristesse, tu auras nom Tristan. »

La naissance de Tristan, miniature française du xve s., Musée Condé, Chantilly.

Quand elle eut dit ces mots, elle le baisa, et, sitôt qu'elle l'eut baisé, elle mourut.

Rohalt le Foi-Tenant recueillit l'orphelin. Déjà les hommes du duc Morgan enveloppaient le château de Kanoël : comment Rohalt aurait-il pu soutenir longtemps la guerre ? On dit justement : « Démesure n'est pas prouesse* » ; il dut se rendre à la merci du duc Morgan. Mais, de crainte que Morgan n'égorgeât le fils de Rivalen, le maréchal le fit passer pour son propre enfant et l'éleva parmi ses fils.

Après sept ans accomplis, lorsque le temps fut venu de le reprendre aux femmes, Rohalt confia Tristan à un sage maître, le bon écuyer Gorvenal. Gorvenal lui enseigna en peu d'années les arts[5] qui conviennent aux barons. Il lui apprit à manier la lance, l'épée, l'écu[6] et l'arc, à lancer des disques de pierre, à franchir d'un bond les plus larges fossés ; il lui apprit à détester tout mensonge et toute félonie*, à secourir les faibles, à tenir la foi donnée ; il lui apprit diverses manières de chant, le jeu de la harpe et l'art du veneur[7] ; et quand l'enfant chevauchait parmi les jeunes écuyers, on eût dit que son cheval, ses armes et lui ne formaient qu'un seul corps et n'eussent jamais été séparés. À le voir si noble et si fier, large des épaules, grêle des flancs, fort, fidèle et preux*, tous louaient Rohalt parce qu'il avait un tel fils. Mais Rohalt, songeant à Rivalen et à Blanchefleur, de qui revivaient la jeunesse et la grâce, chérissait Tristan comme son fils, et secrètement le révérait comme son seigneur.

Or, il advint que toute sa joie lui fut ravie*, au jour où des marchands de Norvège, ayant attiré Tristan sur leur nef, l'emportèrent comme une belle proie. Tandis qu'ils cinglaient[8] vers des terres inconnues, Tristan se débattait, ainsi qu'un jeune loup pris au piège. Mais c'est vérité prouvée, et tous les mariniers le savent : la mer porte à regret les nefs félonnes*, et n'aide pas aux rapts ni aux traîtrises. Elle se souleva furieuse, enveloppa la nef de ténèbres, et la chassa huit jours et huit nuits à l'aventure. Enfin, les mariniers aperçurent à travers la brume une côte hérissée de falaises et de récifs où elle voulait briser leur carène[9]. Ils se repentirent : connaissant

5. Connaissances.
6. Pièce de l'équipement du chevalier, (voir question p. 27).
7. Chasseur (à courre).
8. Faire voile, se diriger vers.
9. Partie immergée de la coque d'un navire.

que le courroux de la mer venait de cet enfant ravi à la male heure[10], ils firent vœu de le délivrer et parèrent[11] une barque pour le déposer au rivage. Aussitôt tombèrent les vents et les vagues, le ciel brilla, et, tandis que la nef des Norvégiens disparaissait au loin, les flots calmés et riants portèrent la barque de Tristan sur le sable d'une grève.

Chapitre I.

Tristan ignore qu'il a accosté en Cornouailles, au royaume de son oncle Marc. Il y fait forte impression par ses talents de veneur et de joueur de harpe. Marc se sent étrangement attiré par le jeune homme, qui a caché, par prudence, son identité. Trois ans passent. Tristan est un des fidèles du roi. Enfin Rohalt retrouve le jeune homme et révèle sa noble naissance. Tristan va alors libérer sa terre de Loonnois mais revient servir le roi Marc.

Comprenons le texte

1. Repérez les mouvements de ce passage et donnez-leur un titre.

2. Quelles sont les circonstances de la naissance de Tristan ? En quoi sont-elles un indice de ce que sera sa destinée ?

3. L'éducation de Tristan : quels aspects de la personne développe-t-elle ? Que manque-t-il à ce programme d'éducation ?

4. Relevez les adjectifs, appliqués à Tristan, qui paraissent qualifier le baron idéal du Moyen Âge.

5. Repérez les lieux cités dans cet épisode sur la carte, p. 8.

6. Quel rôle l'épisode final joue-t-il dans l'atmosphère du récit ? Montrez que la mer n'agit pas seulement comme un élément de la nature.

Apprécions l'art du récit

1. Commentez la première phrase du roman. Que nous apprend-elle sur l'auteur, sur le récit ?

2. Quel est le champ lexical dominant dans les paroles de Blanchefleur à son fils nouveau-né ? Quelle est la valeur de ces répétitions ?

3. Relevez les traits descriptifs du décor marin.

---

10. Pour leur malheur.

11. Préparèrent, équipèrent.

Allons plus loin

1. Lisez l'éducation de Gargantua dans Rabelais (*Gargantua*, chapitres XXIII-XXIV) et comparez-la à celle de Tristan.

2. Les amours célèbres : lisez et racontez la légende d'Orphée et Eurydice.

3. La société au Moyen Âge : relevez dans le récit toutes les catégories de gens qui composent la société médiévale (ex. : baron). Vous étendrez votre recherche à l'ensemble du roman.

Un peu de vocabulaire

1. Quelle est l'origine du mot « moutier » ?

2. Quels sont l'origine et le sens du mot « preux » ? du mot « ravir » ?

3. Quel est le sens du mot « marinier » ? Et habituellement, aujourd'hui ?

Exprimons-nous

Honneur, loyauté, fidélité, bonté... telles sont quelques-unes des vertus du chevalier idéal. Pensez-vous qu'elles soient encore nécessaires à l'homme du XXe siècle ? Avons-nous aujourd'hui l'occasion de les appliquer ?

2. Le Morholt d'Irlande

À son retour, Tristan trouve Tintagel endeuillé : le roi d'Irlande prétend ravager la Cornouailles si Marc ne paie pas un tribut de 300 jeunes gens et 300 jeunes filles destinés à devenir serfs en Irlande. Le messager du roi d'Irlande est le propre beau-frère du roi, un invincible chevalier géant : le Morholt. Celui-ci provoque les barons de Marc : si l'un d'entre eux peut le vaincre en combat singulier, la Cornouailles sera libérée du tribut.

Le Morholt dit encore :

« Lequel d'entre vous, seigneurs cornouaillais, veut prendre mon gage[1] ? Je lui offre une belle bataille : car, à trois jours d'ici, nous gagnerons sur des barques l'île Saint-Samson, au large de Tintagel. Là, votre chevalier et moi, nous combattrons seul à seul, et la louange d'avoir tenté la bataille rejaillira sur toute sa parenté. »

Ils se taisaient toujours, et le Morholt ressemblait au gerfaut[2] que l'on enferme dans une cage avec de petits oiseaux : quand il y entre, tous deviennent muets.

Le Morholt parla pour la troisième fois :

« Eh bien, beaux seigneurs cornouaillais, puisque ce parti vous semble le plus noble, tirez vos enfants au sort et je les emporterai ! Mais je ne croyais pas que ce pays ne fût habité que par des serfs. »

Alors Tristan s'agenouilla aux pieds du roi Marc, et dit :

« Seigneur roi, s'il vous plaît de m'accorder ce don, je ferai la bataille. »

En vain le roi Marc voulut l'en détourner. Il était jeune chevalier : de quoi lui servirait sa hardiesse ? Mais Tristan donna son gage au Morholt, et le Morholt le reçut.

---

1. Défi, « objet que l'assaillant jetait à terre et que l'autre relevait pour accepter le défi, comme un gant, un gantelet, un chaperon... » (dict. de Furetière).
2. Le plus gros des faucons.

Au jour dit, Tristan se plaça sur une courtepointe de cendal[3] vermeil, et se fit armer pour la haute aventure. Il revêtit le haubert et le heaume[4] d'acier bruni. Les barons pleuraient de pitié sur le preux* et de honte sur eux-mêmes. « Ah ! Tristan, se disaient-ils, hardi baron*, belle jeunesse, que n'ai-je, plutôt que toi, entrepris cette bataille ! Ma mort jetterait un moindre deuil* sur cette terre !... » Les cloches sonnent, et tous, ceux de la baronnie* et ceux de la gent menue[5], vieillards, enfants et femmes, pleurant et priant, escortent Tristan jusqu'au rivage. Ils espéraient encore, car l'espérance au cœur des hommes vit de chétive[6] pâture.

Tristan monta seul dans une barque et cingla vers l'île Saint-Samson. Mais le Morholt avait tendu à son mât une voile de riche pourpre, et le premier il aborda dans l'île. Il attachait sa barque au rivage, quand Tristan, touchant terre à son tour, repoussa du pied la sienne vers la mer.

« Vassal[7], que fais-tu ? dit le Morholt, et pourquoi n'as-tu pas retenu comme moi ta barque par une amarre ?

– Vassal, à quoi bon ? répondit Tristan. L'un de nous reviendra seul vivant d'ici : une seule barque ne lui suffit-elle pas ? »

Et tous deux, s'excitant au combat par des paroles outrageuses, s'enfoncèrent dans l'île.

Nul ne vit l'âpre bataille ; mais, par trois fois, il sembla que la brise de mer portait au rivage un cri furieux. Alors, en signe de deuil, les femmes battaient leurs paumes en chœur, et les compagnons du Morholt, massés à l'écart devant leurs tentes, riaient. Enfin, vers l'heure de none[8], on vit au loin se tendre la voile de pourpre ; la barque de l'Irlandais se détacha de l'île, et une clameur de détresse retentit : « Le Morholt ! le Morholt ! » Mais, comme la barque grandissait, soudain, au sommet d'une vague, elle montra un chevalier qui se dressait à la proue ; chacun de ses poings tendait une épée brandie : c'était Tristan. Aussitôt vingt barques volèrent à sa rencontre et les jeunes hommes se jetaient à la nage. Le preux s'élança

---

3. Couverture de soie.
4. Pièces de l'équipement des chevaliers, (voir question p. 27).
5. Le petit peuple.
6. Petite, maigre, dérisoire.
7. Ici, terme habituel pour interpeller un jeune guerrier.
8. 9e heure après le lever du soleil (6 h.) : environ 15 h.

Combat de chevaliers, Eugène Delacroix, Musée du Louvre, Paris.

sur la grève et, tandis que les mères à genoux baisaient ses chausses de fer, il cria aux compagnons du Morholt :

« Seigneurs d'Irlande, le Morholt a bien combattu. Voyez : mon épée est ébréchée, un fragment de la lame est resté enfoncé dans son crâne. Emportez ce morceau d'acier, seigneurs : c'est le tribut[9] de la Cornouailles ! »

Alors il monta vers Tintagel. Sur son passage, les enfants délivrés agitaient à grands cris des branches vertes, et de riches courtines[10] se tendaient aux fenêtres. Mais quand, parmi les chants d'allégresse, aux bruits des cloches, des trompes et des buccines[11], si retentissants qu'on n'eût pas ouï* Dieu tonner,

9. Contribution du vaincu.
10. Tentures.
11. Trompettes.

Tristan parvint au château, il s'affaissa entre les bras du roi Marc : et le sang ruisselait de ses blessures.

À grand déconfort[12], les compagnons du Morholt abordèrent en Irlande. Naguère, quand il rentrait au port de Weisefort[13], le Morholt se réjouissait à revoir ses hommes assemblés qui l'acclamaient en foule, et la reine sa sœur, et sa nièce, Iseut la Blonde, aux cheveux d'or, dont la beauté brillait déjà comme l'aube qui se lève. Tendrement elles lui faisaient accueil, et, s'il avait reçu quelque blessure, elles le guérissaient ; car elles savaient les baumes et les breuvages qui raniment les blessés déjà pareils à des morts. Mais de quoi leur serviraient maintenant les recettes magiques, les herbes cueillies à l'heure propice, les philtres* ? Il gisait mort, cousu dans un cuir de cerf, et le fragment de l'épée ennemie était encore enfoncé dans son crâne. Iseut la Blonde l'en retira pour l'enfermer dans un coffret d'ivoire, précieux comme un reliquaire[14]. Et, courbées sur le grand cadavre, la mère et la fille, redisant sans fin l'éloge du mort et sans répit lançant la même imprécation[15] contre le meurtrier, menaient à tour de rôle parmi les femmes le regret funèbre. De ce jour, Iseut la Blonde apprit à haïr le nom de Tristan de Loonnois.

Mais, à Tintagel, Tristan languissait* : un sang venimeux découlait de ses blessures. Les médecins connurent que le Morholt avait enfoncé dans sa chair un épieu empoisonné, et comme leurs boissons et leur thériaque[16] ne pouvaient le sauver, ils le remirent à la garde de Dieu. Une puanteur si odieuse s'exhalait de ses plaies que tous ses plus chers amis le fuyaient, tous, sauf le roi Marc, Gorvenal et Dinas de Lidan[17]. Seuls, ils pouvaient demeurer à son chevet, et leur amour surmontait leur horreur. Enfin, Tristan se fit porter dans une cabane construite à l'écart sur le rivage ; et, couché devant les flots, il attendait la mort. Il songeait : « Vous m'avez donc abandonné, roi Marc, moi qui ai sauvé l'honneur de votre terre ? Non, je le sais, bel oncle, que vous donneriez votre vie pour la mienne ; mais que pourrait votre tendresse ? il me faut mourir. Il est doux, pourtant, de voir le soleil, et mon cœur est

---

12. Désolation.
13. Voir carte p. 8.
14. Coffre où l'on garde les reliques des saints.
15. Malédiction.
16. Remède contre le venin.
17. Sénéchal*.

hardi encore. Je veux tenter la mer aventureuse... Je veux qu'elle m'emporte au loin, seul. Vers quelle terre ? je ne sais, mais là peut-être où je trouverai qui me guérisse. Et peut-être un jour vous servirai-je encore, bel oncle, comme votre harpeur, et votre veneur, et votre bon vassal*. »

Il supplia tant, que le roi Marc consentit à son désir. Il le porta sur une barque sans rames ni voile, et Tristan voulut qu'on déposât seulement sa harpe près de lui. À quoi bon les voiles que ses bras n'auraient pu dresser ? À quoi bon les rames ? À quoi bon l'épée ? Comme un marinier, au cours d'une longue traversée, lance par-dessus bord le cadavre d'un ancien compagnon, ainsi, de ses bras tremblants, Gorvenal poussa au large la barque où gisait son cher fils, et la mer l'emporta.

Sept jours et sept nuits, elle l'entraîna doucement. Parfois, Tristan harpait[18] pour charmer sa détresse. Enfin, la mer, à son insu, l'approcha d'un rivage. Or, cette nuit-là, des pêcheurs avaient quitté le port pour jeter leurs filets au large, et ramaient, quand ils entendirent une mélodie douce, hardie et vive, qui courait au ras des flots. Immobiles, leurs avirons suspendus sur les vagues, ils écoutaient ; dans la première blancheur de l'aube, ils aperçurent la barque errante. « Ainsi, se disaient-ils, une musique surnaturelle enveloppait la nef* de saint Brendan[19], quand elle voguait vers les îles Fortunées sur la mer aussi blanche que le lait. » Ils ramèrent pour atteindre la barque : elle allait à la dérive, et rien n'y semblait vivre, que la voix de la harpe ; mais, à mesure qu'ils approchaient, la mélodie s'affaiblit, elle se tut, et, quand ils accostèrent, les mains de Tristan étaient retombées inertes sur les cordes frémissantes encore. Ils le recueillirent et retournèrent vers le port pour remettre le blessé à leur dame compatissante qui saurait peut-être le guérir.

Hélas ! ce port était Weisefort, où gisait le Morholt, et leur dame était Iseut la Blonde. Elle seule, habile aux philtres, pouvait sauver Tristan ; mais, seule parmi les femmes, elle voulait sa mort. Quand Tristan, ranimé par son art, se reconnut, il comprit que les flots l'avaient jeté sur une terre de

---

18. Jouait de la harpe.
19. Évêque écossais dont les voyages firent l'objet de récits légendaires, en particulier l'escale dans des îles merveilleuses, les îles Fortunées ou Paradis des délices.

péril. Mais, hardi encore à défendre sa vie, il sut trouver rapidement de belles paroles rusées. Il conta qu'il était un jongleur qui avait pris passage sur une nef marchande ; il naviguait vers l'Espagne pour y apprendre l'art de lire dans les étoiles ; des pirates avaient assailli la nef : blessé, il s'était enfui sur cette barque. On le crut : nul des compagnons du Morholt ne reconnut le beau chevalier de l'île Saint-Samson, si laidement le venin avait déformé ses traits. Mais quand, après quarante jours, Iseut aux cheveux d'or l'eut presque guéri, comme déjà, en ses membres assouplis, commençait à renaître la grâce de la jeunesse, il comprit qu'il fallait fuir ; il s'échappa, et, après maints dangers courus, un jour il reparut devant le roi Marc.

Chapitre II.

Comprenons le texte

I. Le défi

1. Montrez, en citant le texte, ce qui distingue Tristan des autres barons.

2. Quelles sont les qualités du jeune homme ?

II. Le combat

3. Choisissez une expression du texte qui pourrait servir de titre au passage.

4. Quels sentiments l'assistance éprouve-t-elle ? (l. 24 à 32). Expliquez en particulier la phrase : « Ils espéraient encore... pâture. »

5. Comment interpréter le fait que le combat ait lieu sur une île ? Que signifie le geste de Tristan repoussant la barque du pied ?

6. En quoi Tristan a-t-il accompli un exploit ? On a dit que le Morholt représentait le Mal : qu'en pensez-vous ?

7. Comparez les deux scènes de foule, après le combat à Tintagel (l. 63 à 67) et à Weisefort (l. 70 à 87).

III. Le héros mourant

8. Étudiez le rôle de la mer dans ce passage : que symbolise-t-elle ?

9. Que symbolise la barque où gît le héros ?

Apprécions l'art du récit

1. Comment, lors de la bataille, l'auteur crée-t-il le suspens ? Pourquoi en particulier nous fait-il voir le combat de manière indirecte ?

2. Relevez le contraste dans le comportement de Tristan (l. 63 à 69).

3. Quels détails semblent préparer la suite du récit ?

Allons plus loin

I. Les géants

1. À quel célèbre combat biblique peut-on rattacher cet épisode ?

2. Connaissez-vous d'autres géants célèbres ?

3. Lisez *Yvain ou le Chevalier au lion* de Chrétien de Troyes.

II. Les mythes

1. Qu'est-ce qu'un mythe ?

2. Que savez-vous du mythe d'Orphée, de Thésée, de celui de la barque des morts dans l'Antiquité, de l'histoire de Moïse ? Quels rapprochements faites-vous entre ces différents récits et l'épisode de *Tristan et Iseut* ?

III. Les combats légendaires

Dans « le Mariage de Roland », Victor Hugo met en scène le combat singulier de Roland et d'Olivier (*la Légende des siècles*) :

Ils se battent (combat terrible) corps à corps.
Voilà déjà longtemps que leurs chevaux sont morts ;
Ils sont là seuls tous deux dans une île du Rhône.
Le fleuve à grand bruit roule un flot rapide et jaune. [...]

Après avoir lu ce poème, vous en relèverez les traits épiques : l'atmosphère merveilleuse et fantastique du combat, la démesure, les contrastes.

Transposons

Si vous deviez adapter pour le cinéma le passage (depuis : « Enfin, vers l'heure de none... c'était Tristan »), quels plans, quels mouvements de caméra choisiriez-vous ?

3. La quête[1] de la belle aux cheveux d'or

Certains barons sont jaloux de Tristan dont Marc veut faire son héritier. Ils obligent donc le roi à prendre une épouse. Mais qui ? Un jour par une fenêtre ouverte, deux hirondelles apportent un cheveu d'or. Tristan pense alors à Iseut la blonde et s'engage, malgré les dangers, à retourner en Irlande, pays du Morholt, chercher la reine aux cheveux d'or pour le roi Marc.

Or, un dragon ravage la jeunesse d'Irlande. Le roi promet sa fille à qui le tuera. Tristan arrive, accompagné de cent chevaliers déguisés en marchands. Il s'apprête à combattre le monstre.

Il s'arme en secret, et il eût fait beau voir sortir de la nef* de ces marchands si riche destrier[2] de guerre et si fier chevalier. Mais le port était désert, car l'aube venait à peine de poindre, et nul ne vit le preux* chevaucher jusqu'à la porte que la femme[3] lui avait montrée. Soudain, sur la route, cinq hommes dévalèrent, qui éperonnaient leurs chevaux, les freins[4] abandonnés, et fuyaient vers la ville. Tristan saisit au passage l'un d'entre eux par ses rouges cheveux tressés, si fortement qu'il le renversa sur la croupe de son cheval et le maintint arrêté :

« Dieu vous sauve, beau sire ! dit Tristan ; par quelle route vient le dragon ? »

Et quand le fuyard lui eut montré la route, Tristan le relâcha.

Le monstre approchait. Il avait la tête d'une guivre[5], les yeux rouges et tels que des charbons embrasés, deux cornes au front, les oreilles longues et velues, des griffes de lion, une queue de serpent, le corps écailleux d'un griffon[6].

Tristan lança contre lui son destrier d'une telle force que, tout hérissé de peur, il bondit pourtant contre le monstre. La

---

1. La recherche.
2. Cheval de bataille.
3. Une femme du peuple qui l'a renseigné.
4. Mors du cheval.
5. Serpent monstrueux (voir p. 27).
6. Voir p. 27.

Combat d'un chevalier et d'un dragon, miniature du *Roman de Lancelot*. XVe s. Bibliothèque de l'Arsenal, Paris.

lance de Tristan heurta les écailles et vola en éclats. Aussitôt le preux tire son épée, la lève et l'assène sur la tête du dragon, mais sans même entamer le cuir. Le monstre a senti l'atteinte, pourtant ; il lance ses griffes contre l'écu, les y enfonce, et en fait voler les attaches. La poitrine découverte, Tristan le requiert[7] encore de l'épée, et le frappe sur les flancs d'un coup si violent que l'air en retentit. Vainement : il ne peut le blesser. Alors, le dragon vomit par les naseaux un double jet de flammes venimeuses : le haubert de Tristan noircit comme un charbon éteint, son cheval s'abat et meurt. Mais, aussitôt relevé, Tristan enfonce sa bonne épée dans la gueule du monstre : elle y pénètre toute et lui fend le cœur en deux parts. Le dragon pousse une dernière fois son cri horrible et meurt.

Tristan lui coupa la langue et la mit dans sa chausse. Puis, tout étourdi par la fumée âcre, il marcha, pour y boire, vers une eau stagnante qu'il voyait briller à quelque distance. Mais le venin distillé par la langue du dragon s'échauffa contre son corps, et, dans les hautes herbes qui bordaient le marécage, le héros tomba inanimé.

7. Attaque.

Or, sachez que le fuyard aux rouges cheveux tressés était Aguynguerran le Roux, le sénéchal* du roi d'Irlande, et qu'il convoitait Iseut la Blonde. Il était couard[8], mais telle est la puissance de l'amour que chaque matin il s'embusquait[9], armé, pour assaillir le monstre ; pourtant, du plus loin qu'il entendait son cri, le preux* fuyait. Ce jour-là, suivi de ses quatre compagnons, il osa rebrousser chemin. Il trouva le dragon abattu, le cheval mort, l'écu brisé, et pensa que le vainqueur achevait de mourir en quelque lieu. Alors, il trancha la tête du monstre, la porta au roi et réclama le beau salaire promis.

Le roi ne crut guère à sa prouesse ; mais voulant lui faire droit, il fit semondre[10] ses vassaux* de venir à sa cour, à trois jours de là : devant le barnage[11] assemblé, le sénéchal Aguynguerran fournirait la preuve de sa victoire.

Quand Iseut la Blonde apprit qu'elle serait livrée à ce couard, elle fit d'abord une longue risée, puis se lamenta. Mais, le lendemain, soupçonnant l'imposture, elle prit avec elle son valet*, le blond, le fidèle Perinis, et Brangien, sa jeune servante et sa compagne, et tous trois chevauchèrent en secret vers le repaire du monstre, tant qu'Iseut remarqua sur la route des empreintes de forme singulière : sans doute, le cheval qui avait passé là n'avait pas été ferré en ce pays. Puis elle trouva le monstre sans tête et le cheval mort ; il n'était pas harnaché selon la coutume d'Irlande. Certes, un étranger avait tué le dragon ; mais vivait-il encore ?

Iseut, Perinis et Brangien le cherchèrent longtemps ; enfin, parmi les herbes du marécage, Brangien vit briller le heaume du preux. Il respirait encore. Perinis le prit sur son cheval et le porta secrètement dans les chambres des femmes. Là, Iseut conta l'aventure à sa mère, et lui confia l'étranger. Comme la reine lui ôtait son armure, la langue envenimée du dragon tomba de sa chausse. Alors la reine d'Irlande réveilla le blessé par la vertu d'une herbe, et lui dit :

« Étranger, je sais que tu es vraiment le tueur du monstre. Mais notre sénéchal, un félon*, un couard, lui a tranché la tête et réclame ma fille Iseut la Blonde pour sa récompense. Sauras-tu, à deux jours d'ici, lui prouver son tort par bataille ?

---

8. Peureux ; dans *le Roman de Renart*, le lièvre s'appelle Couard.
9. Se postait, se cachait.
10. Avertir.
11. L'ensemble des barons.

– Reine, dit Tristan, le terme est proche. Mais, sans doute, vous pouvez me guérir en deux journées. J'ai conquis Iseut sur le dragon ; peut-être je la conquerrai sur le sénéchal. »

Alors la reine l'hébergea richement, et brassa pour lui des remèdes efficaces. Au jour suivant, Iseut la Blonde lui prépara un bain et doucement oignit[12] son corps d'un baume que sa mère avait composé. Elle arrêta ses regards sur le visage du blessé, vit qu'il était beau, et se prit à penser : « Certes, si sa prouesse* vaut sa beauté, mon champion fournira une rude bataille ! » Mais Tristan, ranimé par la chaleur de l'eau et la force des aromates, la regardait, et, songeant qu'il avait conquis la Reine aux cheveux d'or, se mit à sourire. Iseut le remarqua et se dit : « Pourquoi cet étranger a-t-il souri ? Ai-je rien fait qui ne convienne pas ? Ai-je négligé l'un des services qu'une jeune fille doit rendre à son hôte ? Oui, peut-être a-t-il ri parce que j'ai oublié de parer ses armes ternies par le venin. »

Elle vint donc là où l'armure de Tristan était déposée : « Ce heaume est de bon acier, pensa-t-elle, et ne lui faudra[13] pas au besoin. Et ce haubert est fort, léger, bien digne d'être porté par un preux. » Elle prit l'épée par la poignée : « Certes, c'est là une belle épée, et qui convient à un hardi baron*. »

Elle tire du riche fourreau, pour l'essuyer, la lame sanglante. Mais elle voit qu'elle est largement ébréchée. Elle remarque la forme de l'entaille : ne serait-ce point la lame qui s'est brisée dans la tête du Morholt ? Elle hésite, regarde encore, veut s'assurer de son doute. Elle court à la chambre où elle gardait le fragment d'acier retiré naguère du crâne du Morholt. Elle joint le fragment à la brèche ; à peine voyait-on la trace de la brisure.

Alors elle se précipita vers Tristan, et, faisant tournoyer sur la tête du blessé la grande épée, elle cria :

« Tu es Tristan de Loonnois, le meurtrier du Morholt, mon cher oncle. Meurs donc à ton tour ! »

Tristan fit effort pour arrêter son bras ; vainement ; son corps était perclus[14], mais son esprit restait agile. Il parla donc avec adresse :

« Soit, je mourrai ; mais, pour t'épargner les longs repentirs,

---

12. Enduisit.
13. Ne l'abandonnera pas.
14. Il ne pouvait pas bouger.

écoute. Fille de roi, sache que tu n'as pas seulement le pouvoir, mais le droit de me tuer. Oui, tu as droit sur ma vie, puisque deux fois tu me l'as conservée et rendue. Une première fois, naguère : j'étais le jongleur blessé que tu as sauvé quand tu as chassé de son corps le venin dont l'épieu du Morholt l'avait empoisonné. Ne rougis pas, jeune fille, d'avoir guéri ces blessures : ne les avais-je pas reçues en loyal combat ? ai-je tué le Morholt en trahison ? ne m'avait-il pas défié ? ne devais-je pas défendre mon corps ? Pour la seconde fois, en m'allant chercher au marécage, tu m'as sauvé. Ah ! c'est pour toi, jeune fille, que j'ai combattu le dragon... Mais laissons ces choses : je voulais te prouver seulement que, m'ayant par deux fois délivré du péril de la mort, tu as droit sur ma vie. Tue-moi donc, si tu penses y gagner louange et gloire. Sans doute, quand tu seras couchée entre les bras du preux sénéchal, il te sera doux de songer à ton hôte blessé, qui avait risqué sa vie pour te conquérir et t'avait conquise, et que tu auras tué sans défense dans ce bain. »

Iseut s'écria :

« J'entends merveilleuses[15] paroles. Pourquoi le meurtrier du Morholt a-t-il voulu me conquérir ? Ah ! sans doute, comme le Morholt avait jadis tenté de ravir* sur sa nef* les jeunes filles de Cornouailles, à ton tour, par belles représailles, tu as fait cette vantance[16] d'emporter comme ta serve* celle que le Morholt chérissait entre les jeunes filles...

– Non, fille de roi, dit Tristan. Mais un jour deux hirondelles ont volé jusqu'à Tintagel pour y porter l'un de tes cheveux d'or. J'ai cru qu'elles venaient m'annoncer paix et amour. C'est pourquoi je suis venu te quérir* par delà la mer. C'est pourquoi j'ai affronté le monstre et son venin. Vois ce cheveu cousu parmi les fils d'or de mon bliaut* ; la couleur des fils d'or a passé : l'or du cheveu ne s'est pas terni. »

Iseut regarda la grande épée et prit en main le bliaut de Tristan. Elle y vit le cheveu d'or et se tut longuement ; puis elle baisa son hôte sur les lèvres en signe de paix et le revêtit de riches habits.

Chapitre III.

15. Étonnantes.
16. Vantardise.

Comprenons le texte

I. Une mission de choix

1. Pourquoi Marc confie-t-il cette mission à Tristan ? Qu'en concluez-vous sur les liens qui unissent les deux hommes ?

II. La deuxième prouesse de Tristan

2. Comparez-la au combat contre le Morholt (texte 2).

3. Retracez les phases du combat contre le dragon.

4. Quel rôle Aguynguerran le Roux joue-t-il par rapport à Tristan ?

III. La deuxième rencontre avec Iseut la Blonde

5. Quelles sont les qualités de la jeune fille ? Ses pouvoirs ?

6. Comment Tristan calme-t-il la colère d'Iseut ?

7. Montrez le rôle ambigu que la terre d'Irlande joue dans la destinée de Tristan.

Apprécions l'art du récit

Relevez les termes qui expriment l'intensité du combat (l. 18 à 32).
Comment est mise en évidence la tension dramatique ?
Quelle est la valeur du présent utilisé à certains moments du récit ?

Allons plus loin

I. Le chevalier

1. Son équipement : relevez (dans les trois premiers textes) les termes concernant l'équipement du chevalier, cherchez le sens des mots que vous ignorez et complétez par des recherches personnelles.

2. Ses chevaux : qu'appelait-on le destrier, le palefroi ? Qu'est-ce qu'un roncin, une rossinante, une haquenée ? Trouvez d'autres termes pour désigner le cheval.

II. Les monstres

3. La guivre : quelle est l'étymologie du mot ? Quel est l'aspect du monstre ? Lisez l'histoire de Mélusine.

4. Le griffon : quel est l'aspect du monstre ?

5. Cherchez d'autres monstres mythiques et légendaires.

III. La magicienne.

6. Qui est Médée ? Qui est Circé ?

Lisons

1. Lisez dans *Yvain, le Chevalier au lion,* l'épisode du château de Pesme Aventure.

2. Recherchez dans les mythologies antiques, dans les mythologies germaniques et dans les légendes des saints, des épisodes comparables au combat de Tristan contre le dragon.
Lisez comment le héros grec, Persée, sauva la belle Andromède d'un monstre marin.

Exprimons-nous

1. « La peur n'évite pas le danger » : expliquez ce proverbe.

2. À quelles occasions et à quelles conditions la peur peut-elle parfois être supportable ?

4. Le philtre*

Tristan est reconnu comme le vainqueur du dragon et demande sa récompense : la main d'Iseut, non pour lui mais pour le roi Marc. Iseut en ressent « honte et angoisse » mais accepte cependant.

Quand le temps approcha de remettre Iseut aux chevaliers de Cornouailles, sa mère cueillit des herbes, des fleurs et des racines, les mêla dans du vin, et brassa un breuvage puissant. L'ayant achevé par science et magie, elle le versa dans un coutret[1] et dit secrètement à Brangien[2] :

« Fille, tu dois suivre Iseut au pays du roi Marc, et tu l'aimes d'amour fidèle. Prends donc ce coutret de vin et retiens mes paroles. Cache-le de telle sorte que nul œil ne le voie et que nulle lèvre ne s'en approche. Mais, quand viendront la nuit nuptiale et l'instant où l'on quitte les époux, tu verseras ce vin herbé[3] dans une coupe et tu la présenteras, pour qu'ils la vident ensemble, au roi Marc et à la reine Iseut. Prends garde, ma fille, que seuls ils puissent goûter ce breuvage. Car telle est sa vertu : ceux qui en boiront ensemble s'aimeront de tous leurs sens et de toute leur pensée, à toujours, dans la vie et dans la mort. »

Brangien promit à la reine qu'elle ferait selon sa volonté.

La nef*, tranchant les vagues profondes, emportait Iseut. Mais, plus elle s'éloignait de la terre d'Irlande, plus tristement la jeune fille se lamentait. Assise sous la tente où elle s'était renfermée avec Brangien, sa servante, elle pleurait au souvenir de son pays. Où ces étrangers l'entraînaient-ils ? Vers qui ? Vers quelle destinée ? Quand Tristan s'approchait d'elle et voulait l'apaiser par de douces paroles, elle s'irritait, le repoussait, et la haine gonflait son cœur. Il était venu, lui le ravisseur*, lui le meurtrier du Morholt ; il l'avait arrachée par

1. Récipient.
2. Jeune servante et compagne d'Iseut.
3. Vin à base d'herbes.

ses ruses à sa mère et à son pays ; il n'avait pas daigné la garder pour lui-même, et voici qu'il l'emportait, comme sa proie, sur les flots, vers la terre ennemie ! « Chétive ![4], disait-elle, maudite soit la mer qui me porte ! Mieux aimerais-je mourir sur la terre où je suis née que vivre là-bas !... »

Un jour, les vents tombèrent, et les voiles pendaient dégonflées le long du mât. Tristan fit atterrir dans une île, et, lassés* de la mer, les cent chevaliers de Cornouailles et les mariniers descendirent au rivage. Seule Iseut était demeurée sur la nef, et une petite servante. Tristan vint vers la reine et tâchait de calmer son cœur. Comme le soleil brûlait et qu'ils avaient soif, ils demandèrent à boire. L'enfant chercha quelque breuvage, tant qu'elle découvrit le coutret confié à Brangien par la mère d'Iseut. « J'ai trouvé du vin ! » leur cria-t-elle. Non, ce n'était pas du vin : c'était la passion, c'était l'âpre joie et l'angoisse sans fin, et la mort. L'enfant remplit un hanap[5] et le présenta à sa maîtresse. Elle but à longs traits, puis le tendit à Tristan, qui le vida.

À cet instant, Brangien entra et les vit qui se regardaient en silence, comme égarés et comme ravis*. Elle vit devant eux le vase presque vide et le hanap. Elle prit le vase, courut à la poupe, le lança dans les vagues et gémit :

« Malheureuse ! maudit soit le jour où je suis née et maudit le jour où je suis montée sur cette nef ! Iseut, amie, et vous, Tristan, c'est votre mort que vous avez bue ! »

De nouveau, la nef cinglait vers Tintagel. Il semblait à Tristan qu'une ronce vivace[6], aux épines aiguës, aux fleurs odorantes, poussait ses racines dans le sang de son cœur et par de forts liens enlaçait au beau corps d'Iseut son corps et toute sa pensée, et tout son désir. Il songeait : « Andret, Denoalen, Guenelon et Gondoïne[7], félons qui m'accusiez de convoiter la terre du roi Marc, ah ! je suis plus vil* encore, et ce n'est pas sa terre que je convoite ! Bel oncle, qui m'avez aimé orphelin avant même de reconnaître le sang de votre sœur Blanchefleur, vous qui me pleuriez tendrement, tandis que vos bras me portaient jusqu'à la barque sans rames ni voile, bel oncle, que

4. Malheureuse.
5. Grand verre à boire.
6. Résistante.
7. Les quatre barons jaloux de Tristan.

n'avez-vous, dès le premier jour, chassé l'enfant errant venu pour vous trahir ? Ah ! qu'ai-je pensé ? Iseut est votre femme, et moi votre vassal*. Iseut est votre femme, et moi votre fils. Iseut est votre femme, et ne peut pas m'aimer. »

Iseut l'aimait. Elle voulait le haïr, pourtant : ne l'avait-il pas vilement* dédaignée ? Elle voulait le haïr, et ne pouvait, irritée en son cœur de cette tendresse plus douloureuse que la haine.

Affiche du film : *Tristan et Yseult* dessinée par Maurice Lalau, 1912.

Brangien les observait avec angoisse, plus cruellement tourmentée encore, car seule elle savait quel mal elle avait causé. Deux jours elle les épia, les vit repousser toute nourriture, tout breuvage et tout réconfort, se chercher comme des aveugles qui marchent à tâtons l'un vers l'autre, malheureux quand ils languissaient* séparés, plus malheureux encore quand, réunis, ils tremblaient devant l'horreur du premier aveu.

Au troisième jour, comme Tristan venait vers la tente, dressée sur le pont de la nef, où Iseut était assise, Iseut le vit s'approcher et lui dit humblement :

« Entrez, seigneur.

– Reine, dit Tristan, pourquoi m'avoir appelé seigneur ? Ne suis-je pas votre homme lige[8], au contraire, et votre vassal, pour vous révérer[9], vous servir et vous aimer comme ma reine et ma dame[10] ? »

Iseut répondit :

« Non, tu le sais, que tu es mon seigneur et mon maître ! Tu le sais, que ta force me domine et que je suis ta serve* ! Ah ! que n'ai-je avivé naguère les plaies du jongleur blessé ! Que n'ai-je laissé périr le tueur du monstre dans les herbes du marécage ! Que n'ai-je assené sur lui, quand il gisait dans le bain, le coup de l'épée déjà brandie ! Hélas ! je ne savais pas alors ce que je sais aujourd'hui !

– Iseut, que savez-vous donc aujourd'hui ? Qu'est-ce donc qui vous tourmente ?

– Ah ! tout ce que je sais me tourmente, et tout ce que je vois. Ce ciel me tourmente, et cette mer, et mon corps, et ma vie ! »

Elle posa son bras sur l'épaule de Tristan ; des larmes éteignirent le rayon de ses yeux, ses lèvres tremblèrent. Il répéta :

« Amie, qu'est-ce donc qui vous tourmente ? »

Elle répondit :

« L'amour de vous. »

Alors il posa ses lèvres sur les siennes.

Mais, comme pour la première fois tous deux goûtaient une

---

8. Qui voue une fidélité totale.
9. Respecter.
10. Celle qui a toute-puissance sur lui.

joie d'amour, Brangien, qui les épiait, poussa un cri, et, les bras tendus, la face trempée de larmes, se jeta à leurs pieds :

« Malheureux ! arrêtez-vous, et retournez, si vous le pouvez encore ! Mais non, la voie est sans retour, déjà la force de l'amour vous entraîne et jamais plus vous n'aurez de joie sans douleur. C'est le vin herbé qui vous possède, le breuvage d'amour que votre mère, Iseut, m'avait confié. Seul, le roi Marc devait le boire avec vous ; mais l'Ennemi[11] s'est joué de nous trois, et c'est vous qui avez vidé le hanap. Ami Tristan, Iseut amie, en châtiment de la male garde[12] que j'ai faite, je vous abandonne mon corps, ma vie ; car, par mon crime, dans la coupe maudite, vous avez bu l'amour et la mort ! »

Les amants s'étreignirent ; dans leurs beaux corps frémissaient le désir et la vie. Tristan dit :

« Vienne donc la mort ! »

Et, quand le soir tomba, sur la nef qui bondissait plus rapide vers la terre du roi Marc, liés à jamais, ils s'abandonnèrent à l'amour.

Chapitre IV.

Comprenons le texte

I. Le schéma narratif

1. Indiquez-en les étapes, de la situation initiale jusqu'à la situation finale.

II. Les circonstances

2. Énumérez les circonstances qui favorisent l'absorption du philtre.

3. Brangien semble-t-elle responsable ?

III. Les conséquences du philtre

4. À quelle manifestation amoureuse bien connue s'apparente-t-il ?

5. Montrez que dès l'absorption du philtre, le thème de l'amour est lié à celui de la mort mais aussi à celui de la vie.

---

11. Nom couramment donné au diable.
12. Mauvaise garde.

6. Commentez en particulier l'expression « ronce vivace (l. 53) ». Comment appelle-t-on cette image ? Relevez les autres termes liés au thème de la souffrance.

7. Montrez la progression de la passion chez les jeunes gens et relevez les mots qui précisent le caractère éternel et irréversible de leur acte.

8. Que se reprochent les amants ?

9. Qu'est-ce qui les sépare ? Qu'est-ce qui les rassemble ?

Allons plus loin

1. Qu'est-ce que la courtoisie au Moyen Âge ? Quand et comment est-elle née ? Qu'est-ce que l'amour courtois ? Commentez les paroles des héros : « tu es mon seigneur et mon maître » et « ma reine et ma dame » (l. 87 et 84-85).

2. Cherchez l'étymologie de « dame » ; quel est son sens au Moyen Âge ?

3. Connaissez-vous d'autres breuvages magiques ? des remèdes miraculeux ?

Un peu de vocabulaire

1. « Chétive (l. 29) » : quelle est l'origine, l'évolution de ce mot ?

2. Comparez : philtre, potion, poison, breuvage, liqueur, élixir, drogue, purge ; comment appelle-t-on le couple potion/poison ? Qu'est-ce qu'un « bouillon d'onze heures » ?

3. Quel est ici le sens de « ravis » (l. 46) ? Comparez avec « ravir » (p. 16, l. 32). Donnez le sens courant du mot aujourd'hui.

4. « Atterrir » (l. 33) : ce mot est à prendre dans son sens premier : toucher terre. Quel est son emploi aujourd'hui ? Comparez avec l'évolution de « arriver ».

Exprimons-nous

1. Avez-vous déjà ressenti un coup de foudre pour une personne, un objet, un livre, un personnage... ? Racontez dans quelles circonstances et précisez vos sentiments.

2. Tristan et Iseut vous semblent-ils innocents ou coupables ?

5. Pris au piège

Iseut est maintenant reine de Cornouailles ; mais liée pour toujours à Tristan, elle le rencontre en secret. Leurs ennemis les guettent et cherchent à convaincre le roi de l'infidélité de la reine. Marc décide alors d'éloigner Tristan de la cour quelque temps mais par une « belle ruse d'amour », les amants réussissent à se voir.

Derrière le château de Tintagel, un verger s'étendait, vaste et clos de fortes palissades. De beaux arbres y croissaient sans nombre, chargés de fruits, d'oiseaux et de grappes odorantes. Au lieu le plus éloigné du château, tout auprès des pieux de la palissade, un pin s'élevait, haut et droit, dont le tronc robuste soutenait une large ramure. À son pied, une source vive : l'eau s'épandait d'abord en une large nappe, claire et calme, enclose par un perron[1] de marbre ; puis, contenue entre deux rives resserrées, elle courait par le verger et, pénétrant dans l'intérieur même du château, traversait les chambres des femmes. Or, chaque soir, Tristan, par le conseil de Brangien, taillait avec art des morceaux d'écorce et de menus branchages. Il franchissait les pieux aigus, et, venu sous le pin, jetait les copeaux dans la fontaine. Légers comme l'écume, ils surnageaient et coulaient avec elle, et, dans les chambres des femmes, Iseut épiait leur venue. Aussitôt, les soirs où Brangien avait su écarter le roi Marc et les félons*, elle s'en venait vers son ami.

Elle s'en vient, agile et craintive pourtant, guettant à chacun de ses pas si des félons se sont embusqués derrière les arbres. Mais, dès que Tristan l'a vue, les bras ouverts, il s'élance vers elle. Alors la nuit les protège et l'ombre amie du grand pin.

[...]

---

1. Pierre, margelle ; en général haute pierre qui permettait aux chevaliers de monter à cheval avec leur armure.

Le roi Marc dans l'arbre. Dessin colorié, manuscrit français du XVe s. BN, Paris.

Les barons jaloux comprennent vite que Tristan n'est pas parti ; ils ont alors recours aux services du nain Frocin, habile en sorcellerie. Un soir, celui-ci emmène le roi sous le grand pin...

« Beau roi, il convient que vous montiez dans les branches de cet arbre. Portez là-haut votre arc et vos flèches : ils vous serviront peut-être. Et tenez-vous coi[2] : vous n'attendrez pas longuement.

– Va-t'en, chien de l'Ennemi ! » répondit Marc.

Et le nain s'en alla, emmenant le cheval.

Il avait dit vrai : le roi n'attendit pas longuement. Cette nuit, la lune brillait, claire et belle. Caché dans la ramure, le roi vit son neveu bondir par-dessus les pieux aigus. Tristan vint sous

2. Silencieux.

l'arbre et jeta dans l'eau les copeaux et les branchages. Mais, comme il s'était penché sur la fontaine en les jetant, il vit, réfléchie dans l'eau, l'image du roi. Ah ! s'il pouvait arrêter les copeaux qui fuient ! Mais non, ils courent, rapides, par le verger. Là-bas, dans les chambres des femmes, Iseut épie leur venue ; déjà, sans doute, elle les voit, elle accourt. Que Dieu protège les amants !

Elle vient. Assis, immobile, Tristan la regarde, et, dans l'arbre, il entend le crissement de la flèche, qui s'encoche dans la corde de l'arc.

Elle vient, agile et prudente pourtant, comme elle avait coutume. « Qu'est-ce donc ? pense-t-elle. Pourquoi Tristan n'accourt-il pas ce soir à ma rencontre ? aurait-il vu quelque ennemi ? »

Elle s'arrête, fouille du regard les fourrés noirs ; soudain, à la clarté de la lune, elle aperçut à son tour l'ombre du roi dans la fontaine. Elle montra bien la sagesse des femmes, en ce qu'elle ne leva point les yeux vers les branches de l'arbre : « Seigneur Dieu ! dit-elle tout bas, accordez-moi seulement que je puisse parler la première ! »

Elle s'approche encore. Écoutez comme elle devance et prévient son ami :

« Sire Tristan, qu'avez-vous osé ? M'attirer en tel lieu, à telle heure ! Maintes fois déjà vous m'aviez mandée[3], pour me supplier, disiez-vous. Et par quelle prière ? Qu'attendez-vous de moi ? Je suis venue enfin, car je n'ai pu l'oublier, si je suis reine, je vous le dois. Me voici donc : que voulez-vous ?

– Reine, vous crier merci[4], afin que vous apaisiez le roi ! »

Elle tremble et pleure. Mais Tristan loue le Seigneur Dieu, qui a montré le péril à son amie.

« Oui, reine, je vous ai mandée souvent et toujours en vain ; jamais, depuis que le roi m'a chassé, vous n'avez daigné venir à mon appel. Mais prenez en pitié le chétif que voici ; le roi me hait, j'ignore pourquoi ; mais vous le savez peut-être ; et qui donc pourrait charmer sa colère, sinon vous seule, reine franche, courtoise* Iseut, en qui son cœur se fie ?

– En vérité, sire Tristan, ignorez-vous encore qu'il nous soupçonne tous les deux ? Et de quelle traîtrise ! faut-il, par

3. Demandé de venir. 4. Demander grâce.

surcroît de honte, que ce soit moi qui vous l'apprenne ? Mon seigneur croit que je vous aime d'amour coupable. Dieu le sait pourtant, et, si je mens, qu'il honnisse[5] mon corps ! jamais je n'ai donné mon amour à nul homme, hormis à celui qui le premier m'a prise, vierge, entre ses bras. Et vous voulez, Tristan, que j'implore du roi votre pardon ? Mais s'il savait seulement que je suis venue sous ce pin, demain il ferait jeter ma cendre aux vents ! »

Tristan gémit :

« Bel oncle, on dit : « Nul n'est vilain*, s'il ne fait vilenie*. » Mais en quel cœur a pu naître un tel soupçon ?

– Sire Tristan, que voulez-vous dire ? Non, le roi mon seigneur n'eût pas de lui-même imaginé telle vilenie. Mais les félons de cette terre lui ont fait accroire[6] ce mensonge, car il est facile de décevoir[7] les cœurs loyaux. Ils s'aiment, lui ont-ils dit, et les félons nous l'ont tourné à crime[8]. Oui, vous m'aimiez, Tristan ; pourquoi le nier ? ne suis-je pas la femme de votre oncle et ne vous avais-je pas deux fois sauvé de la mort ? Oui, je vous aimais en retour : n'êtes-vous pas du lignage[9] du roi, et n'ai-je pas ouï* maintes fois ma mère répéter qu'une femme n'aime pas son seigneur tant qu'elle n'aime pas la parenté de son seigneur ? C'est pour l'amour du roi que je vous aimais, Tristan ; maintenant encore, s'il vous reçoit en grâce, j'en serai joyeuse. Mais mon corps tremble, j'ai grand'peur, je pars, j'ai trop demeuré déjà. »

Dans la ramure, le roi eut pitié et sourit doucement. [...]

Ému de pitié, le roi rappelle Tristan auprès de lui. Mais les amants se montrent à nouveau imprudents et, d'accord avec le roi, le nain Frocin prépare un nouveau piège.

Alors le nain fit une laide félonie*. Il entra chez un boulanger et lui prit pour quatre deniers de fleur de farine qu'il cacha dans le giron[10] de sa robe. Ah ! qui se fût jamais avisé de telle traîtrise ? La nuit venue, quand le roi eut pris son repas et que ses hommes furent endormis par la vaste salle

5. Méprise et couvre de honte.
6. Croire.
7. Tromper.
8. En ont fait un crime.
9. Lignage.
10. Pan de vêtement coupé en pointe qui va de la ceinture aux genoux.

voisine de sa chambre, Tristan s'en vint, comme il avait coutume, au coucher du roi Marc.

« Beau neveu, faites ma volonté : vous chevaucherez vers le roi Arthur[11] jusqu'à Carduel, et vous lui ferez déplier ce bref[12]. Saluez-le de ma part et ne séjournez qu'un jour auprès de lui.

– Roi, je le porterai demain.

– Oui, demain, avant que le jour se lève. »

Voilà Tristan en grand émoi. De son lit au lit de Marc[13] il y avait bien la longueur d'une lance. Un désir furieux le prit de parler à la reine, et il se promit en son cœur que, vers l'aube, si Marc dormait, il se rapprocherait d'elle. Ah ! Dieu ! la folle pensée !

Le nain couchait, comme il en avait coutume, dans la chambre du roi. Quand il crut que tous dormaient, il se leva et répandit entre le lit de Tristan et celui de la reine la fleur de farine : si l'un des deux amants allait rejoindre l'autre, la farine garderait la forme de ses pas. Mais, comme il l'éparpillait, Tristan, qui restait éveillé, le vit :

« Qu'est-ce à dire ? Ce nain n'a pas coutume de me servir pour mon bien ; mais il sera déçu : bien fou qui lui laisserait prendre l'empreinte de ses pas ! »

À la mi-nuit, le roi se leva et sortit, suivi du nain bossu. Il faisait noir dans la chambre : ni cierge allumé, ni lampe. Tristan se dressa debout sur son lit. Dieu ! pourquoi eut-il cette pensée ? Il joint les pieds, estime la distance, bondit et retombe sur le lit du roi. Hélas ! la veille, dans la forêt, le boutoir[14] d'un grand sanglier l'avait navré* à la jambe, et, pour son malheur, la blessure n'était point bandée. Dans l'effort de ce bond, elle s'ouvre, saigne ; mais Tristan ne voit pas le sang qui fuit et rougit les draps. Et dehors, à la lune, le nain par son art de sortilège, connut que les amants étaient réunis. Il en trembla de joie et dit au roi :

« Va, et maintenant, si tu ne les surprends pas ensemble, fais-moi pendre ! »

---

11. Roi Arthur. Célèbre roi britannique à demi légendaire, qui a servi de base et de point d'ancrage à de nombreux récits celtiques (légendes des Chevaliers de la Table ronde, du Graal, en particulier).
12. Message.
13. Comme c'est l'usage à l'époque, les hauts seigneurs proches du roi dorment dans la chambre royale.
14. Extrémité du groin et canines du sanglier.

Ils viennent donc vers la chambre, le roi, le nain et les quatre félons. Mais Tristan les a entendus : il se relève, s'élance, atteint son lit... Hélas ! au passage, le sang a malement[15] coulé de la blessure sur la farine.

Voici le roi, les barons, et le nain qui porte une lumière. Tristan et Iseut feignaient de dormir ; ils étaient restés seuls dans la chambre avec Perinis[16], qui couchait aux pieds de Tristan et ne bougeait pas. Mais le roi voit sur le lit les draps tout vermeils et, sur le sol, la fleur de farine trempée de sang frais.

Alors les quatre barons, qui haïssaient Tristan pour sa prouesse*, le maintiennent sur son lit, et menacent la reine et la raillent, la narguent et lui promettent bonne justice. Ils découvrent la blessure qui saigne :

« Tristan, dit le roi, nul démenti ne vaudrait désormais ; vous mourrez demain. »

Il lui crie :

« Accordez-moi merci, seigneur ! Au nom du Dieu qui souffrit la Passion, seigneur, pitié pour nous !

– Seigneur, venge-toi ! répondent les félons.

– Bel oncle, ce n'est pas pour moi que je vous implore ; que m'importe de mourir ? Certes, n'était la crainte de vous courroucer, je vendrais cher cet affront aux couards qui, sans votre sauvegarde, n'auraient pas osé toucher mon corps de leurs mains ; mais, par respect et pour l'amour de vous, je me livre à votre merci ; faites de moi selon votre plaisir. Me voici, seigneur, mais pitié pour la reine ! »

Et Tristan s'incline et s'humilie à ses pieds.

« Pitié pour la reine, car s'il est un homme en ta maison assez hardi pour soutenir ce mensonge que je l'ai aimée d'amour coupable, il me trouvera debout devant lui en champ clos[17]. Sire, grâce pour elle, au nom du Seigneur Dieu ! »

Mais les trois barons l'ont lié de cordes, lui et la reine. Ah ! s'il avait su qu'il ne serait pas admis à prouver son innocence en combat singulier, on l'eût démembré vif avant qu'il eût souffert d'être lié vilement*.

Mais il se fiait en Dieu et savait qu'en champ clos nul

---

15. Malheureusement.
16. Perinis, le valet d'Iseut.
17. Un combat où deux adversaires s'affrontent sans témoins.

n'oserait brandir une arme contre lui. Et, certes, il se fiait justement en Dieu. Quand il jurait qu'il n'avait jamais aimé la reine d'amour coupable, les félons riaient de l'insolente imposture. Mais je vous appelle, seigneurs, vous qui savez la vérité du philtre* bu sur la mer et qui comprenez, disait-il mensonge ? Ce n'est pas le fait qui prouve le crime, mais le jugement. Les hommes voient le fait, mais Dieu voit les cœurs, et, seul, il est vrai juge. Il a donc institué que tout homme accusé pourrait soutenir son droit par bataille, et lui-même combat avec l'innocent. C'est pourquoi Tristan réclamait justice et bataille et se garda de manquer en rien au roi Marc. Mais, s'il avait pu prévoir ce qui advint, il aurait tué les félons. Ah ! Dieu ! pourquoi ne les tua-t-il pas ?

Chapitres VI-VII.

Comprenons le texte

I. L'épisode du pin

1. Montrez l'opposition entre le décor et l'action.

2. Comment la reine sauve-t-elle la situation ? Quelles qualités montre-t-elle ?

3. Marc agit-il en roi dans cette scène ?

4. De quelles qualités Tristan fait-il preuve ?

II. La fleur de farine

5. Relevez les circonstances de l'action qui sont favorables au nain et permettent de surprendre les amants.

6. Quand il est pris, comment Tristan manifeste-t-il son attachement au roi ?

7. Pourquoi Tristan provoque-t-il les barons alors qu'il est pris en flagrant délit ?

8. Relevez les indices de couleurs dans le texte. Montrez-en la valeur dramatique (pour l'action) et symbolique.

III. Sur l'ensemble du chapitre

9. Relevez les interventions de l'auteur et dites si elles sont favorables ou non aux amants.

10. Comment qualifier la vie que mènent les deux jeunes gens à la cour ?

11. Voyez-vous une progression d'un épisode à l'autre, dans ce chapitre ?

12. Montrez que Tristan ne correspond plus aussi exactement à l'image du chevalier idéal.

Allons plus loin

I. La vie quotidienne à l'époque de Tristan et Iseut

La vie est encore très rudimentaire. Le château du roi Marc ne correspond sans doute pas à l'image que nous pouvons nous en faire, témoin le ruisseau qui traverse la chambre des femmes. Citons Gaston Paris : « Les hommes qui ont conçu cette étrange histoire d'amour menaient une vie sauvage, au sein de forêts à peine éclaircies çà et là. Les palais même des rois étaient des espèces de huttes » (*Poèmes et Légendes du Moyen Âge*, cité par J. Bédier, *op. cit.*)

2. Une variante de l'épisode de la fleur de farine

Dans le poème d'Eilhart d'Oberg, les ennemis de Tristan ont disposé des faux entre les lits qui se trouvent dans la pièce. Tristan s'y blesse. Pour le sauver, le roi Arthur et ses compagnons font semblant de se quereller et se blessent volontairement pour égarer les soupçons. Il faut savoir qu'il était l'usage que les hôtes de marque et les proches du roi dorment dans la chambre de celui-ci.

Enquêtons

En quoi consiste au Moyen Âge le combat judiciaire que Tristan propose aux barons ?

Un peu de vocabulaire

Quelle est l'origine et l'évolution du mot « merci » ?

Lisons

L'épisode des draps tachés dans *le Chevalier à la charrette*, de Chrétien de Troyes, trad. de Jean Frappier, Librairie Honoré Champion, Paris, 1969.

En haut à droite, *Exclusion des lépreux* (détail), Miroir Historial de Vincent de Beauvais, Bibliothèque de l'Arsenal, Paris.

6. Iseut aux lépreux

Les bûchers sont dressés pour la mise à mort des amants. Mais Tristan réussit à s'échapper en sautant par la verrière d'une chapelle située au sommet d'une falaise.

Or, quand Tristan s'était précipité de la falaise, un pauvre homme de la gent menue l'avait vu se relever et fuir. Il avait couru vers Tintagel et s'était glissé jusqu'en la chambre d'Iseut :

« Reine, ne pleurez plus. Votre ami s'est échappé !

– Dieu, dit-elle, en soit remercié ! Maintenant, qu'ils me lient ou me délient, qu'ils m'épargnent ou qu'ils me tuent, je n'en ai plus souci ! »

Or, les félons* avaient si cruellement serré les cordes de ses poignets que le sang jaillissait. Mais, souriante, elle dit :

« Si je pleurais pour cette souffrance, alors qu'en sa bonté Dieu vient d'arracher mon ami à ces félons, certes, je ne vaudrais guère ! »

Quand la nouvelle parvint au roi que Tristan s'était échappé par la verrière, il blêmit de courroux et commanda à ses hommes de lui amener Iseut.

On l'entraîne ; hors de la salle, sur le seuil, elle apparaît ; elle tend ses mains délicates, d'où le sang coule. Une clameur monte par la rue : « O Dieu, pitié pour elle ! Reine franche, reine honorée, quel deuil ont jeté sur cette terre ceux qui vous ont livrée ! Malédiction sur eux ! »

La reine est traînée jusqu'au bûcher d'épines, qui flambe. Alors, Dinas, seigneur de Lidan, se laissa choir aux pieds du roi :

« Sire, écoute-moi : je t'ai servi longuement, sans vilenie*, en loyauté, sans en retirer nul profit : car il n'est pas un pauvre homme, ni un orphelin, ni une vieille femme, qui me donnerait un denier de ta sénéchaussée*, que j'ai tenue toute ma vie. En récompense, accorde-moi que tu recevras la reine à merci[1]. Tu veux la brûler sans jugement : c'est forfaire[2], puisqu'elle ne reconnaît pas le crime dont tu l'accuses. Songes-y, d'ailleurs. Si tu brûles son corps, il n'y aura plus de sûreté sur la terre : Tristan s'est échappé ; il connaît bien les plaines, les bois, les gués, les passages, et il est hardi. Certes, tu es son oncle, et il ne s'attaquera pas à toi ; mais tous les barons, tes vassaux, qu'il pourra surprendre, il les tuera. »

Et les quatre félons pâlissent à l'entendre : déjà ils voient Tristan embusqué, qui les guette.

« Roi, dit le sénéchal, s'il est vrai que je t'ai bien servi toute ma vie, livre-moi Iseut ; je répondrai[3] d'elle comme son garde et son garant. »

Mais le roi prit Dinas par la main et jura par le nom des saints qu'il ferait immédiate justice.

Alors Dinas se releva :

« Roi, je m'en retourne à Lidan et je renonce à votre service. »

Iseut sourit tristement. Il monte sur son destrier et s'éloigne, marri[4] et morne, le front baissé.

Iseut se tient debout devant la flamme. La foule, à l'entour, crie, maudit le roi, maudit les traîtres. Les larmes coulent le long de sa face. Elle est vêtue d'un étroit bliaut* gris, où court un filet d'or menu ; un fil d'or est tressé dans ses cheveux, qui tombent jusqu'à ses pieds. Qui pourrait la voir si belle sans la prendre en pitié aurait un cœur de félon. Dieu ! comme ses bras sont étroitement liés !

Or, cent lépreux, déformés, la chair rongée et toute blanchâtre, accourus sur leurs béquilles au claquement des crécelles[5], se pressaient devant le bûcher, et, sous leurs paupières enflées, leurs yeux sanglants jouissaient du spectacle.

1. Tu auras pitié de la reine.
2. Agir contrairement à son devoir.
3. Je m'engagerai envers elle.
4. Contrit, fâché.
5. Moulinets de bois qui tournent bruyamment sur un axe.

Yvain, le plus hideux des malades, cria au roi d'une voix aiguë :

« Sire, tu veux jeter ta femme en ce brasier, c'est bonne justice, mais trop brève. Ce grand feu l'aura vite brûlée, ce grand vent aura vite dispersé sa cendre. Et, quand cette flamme tombera tout à l'heure, sa peine sera finie. Veux-tu que je t'enseigne pire châtiment, en sorte qu'elle vive, mais à grand déshonneur, et toujours souhaitant la mort ? Roi, le veux-tu ? »

Le roi répondit :

« Oui, la vie pour elle, mais à grand déshonneur et pire que la mort... Qui m'enseignera un tel supplice, je l'en aimerai mieux.

– Sire, je te dirai donc brièvement ma pensée. Vois, j'ai là cent compagnons. Donne-nous Iseut, et qu'elle nous soit commune ! Le mal attise nos désirs. Donne-la à tes lépreux, jamais dame n'aura fait pire fin. Vois, nos haillons sont collés à nos plaies, qui suintent. Elle qui, près de toi, se plaisait aux riches étoffes fourrées de vair[6], aux joyaux, aux salles parées de marbre, elle qui jouissait des bons vins, de l'honneur, de la joie, quand elle verra la cour de tes lépreux, quand il lui faudra entrer sous nos taudis bas et coucher avec nous, alors Iseut la Belle, la Blonde, reconnaîtra son péché et regrettera ce beau feu d'épines ! »

Le roi l'entend, se lève, et longuement reste immobile. Enfin, il court vers la reine et la saisit par la main. Elle crie :

« Par pitié, sire, brûlez-moi plutôt, brûlez-moi ! »

Le roi la livre. Yvain la prend et les cent malades se pressent autour d'elle. À les entendre crier et glapir, tous les cœurs se fondent de pitié ; mais Yvain est joyeux ; Iseut s'en va, Yvain l'emmène. Hors de la cité descend le hideux cortège.

Ils ont pris la route où Tristan est embusqué. Gorvenal jette un cri :

« Fils, que feras-tu ? Voici ton amie ! »

Tristan pousse son cheval hors du fourré :

« Yvain, tu lui as assez longtemps fait compagnie ; laisse-la maintenant, si tu veux vivre ! »

Mais Yvain dégrafe son manteau.

6. Fourrure de petit-gris, variété d'écureuil d'une couleur bleu-gris.

« Hardi, compagnons ! À vos bâtons ! À vos béquilles ! C'est l'instant de montrer sa prouesse* ! »

Alors, il fit beau voir les lépreux rejeter leurs chapes[7], se camper sur leurs pieds malades, souffler, crier, brandir leurs béquilles : l'un menace et l'autre grogne. Mais il répugnait à Tristan de les frapper ; les conteurs prétendent que Tristan tua Yvain : c'est dire vilenie* ; non, il était trop preux* pour occire telle engeance[8]. Mais Gorvenal, ayant arraché une forte pousse de chêne, l'assena sur le crâne d'Yvain ; le sang noir jaillit et coula jusqu'à ses pieds difformes.

Tristan reprit la reine : désormais, elle ne sent plus nul mal. Il trancha les cordes de ses bras, et, quittant la plaine, ils s'enfoncèrent dans la forêt du Morois. Là, dans les grands bois, Tristan se sent en sûreté comme derrière la muraille d'un fort château.

Quand le soleil pencha, ils s'arrêtèrent au pied d'un mont ; la peur avait lassé la reine ; elle reposa sa tête sur le corps de Tristan et s'endormit.

Au matin, Gorvenal déroba à un forestier son arc et deux flèches bien empennées[9] et barbelées et les donna à Tristan, le bon archer, qui surprit un chevreuil et le tua. Gorvenal fit un amas de branches sèches, battit le fusil, fit jaillir l'étincelle et alluma un grand feu pour cuire la venaison[10] ; Tristan coupa des branchages, construisit une hutte et la recouvrit de feuillée ; Iseut la joncha d'herbes épaisses.

Alors, au fond de la forêt sauvage, commença pour les fugitifs l'âpre vie, aimée pourtant.

---

7. Manteaux.
8. Tuer ces misérables.
9. Munies de plumes.
10. Gibier.

Comprenons le texte

I. Iseut au bûcher

1. Qu'est-ce qui rend cette scène émouvante ?

2. Quelle est la réaction de l'assistance ?

3. Quels arguments Dinas emploie-t-il pour convaincre Marc (l. 25-36) ?

II. Les lépreux

4. Comment qualifier le châtiment proposé par Yvain et accepté par Marc ?

5. Que pensez-vous de la réaction du roi Marc ?

III. L'attaque de Tristan

6. En quoi Tristan se montre-t-il un parfait chevalier ?

7. Pourquoi l'auteur proteste-t-il à l'idée que le jeune homme aurait pu tuer Yvain (l. 103-104) ?

8. Tristan et Iseut ont échappé au courroux du roi ; quelle est alors leur situation ?

Apprécions l'art du récit

Le réalisme : relevez les détails qui rendent les lépreux odieux à voir.

Un peu de vocabulaire

La gent : quelles sont l'origine et l'évolution de ce mot ? Qu'est-ce que la « gent trotte-menu » chez La Fontaine ?

Que signifie l'expression : « battre le fusil » (l. 119) ?

Enquêtons

Les lépreux étaient les exclus du Moyen Âge. Enquêtez sur les exclus de nos sociétés modernes : malades, vieillards, prisonniers, handicapés... et sur les conditions de vie qui leur sont faites.

Lisons

Les amours célèbres : Didon et Énée dans L'*Énéide* de Virgile.

7. La forêt du Morois

Au fond de la forêt sauvage, à grand ahan[1], comme des bêtes traquées, ils errent, et rarement osent revenir le soir au gîte de la veille. Ils ne mangent que la chair des fauves et regrettent le goût du sel. Leurs visages amaigris se font blêmes, leurs vêtements tombent en haillons, déchirés par les ronces. Ils s'aiment, ils ne souffrent pas.

Un jour, comme ils parcouraient ces grands bois qui n'avaient jamais été abattus, ils arrivèrent par aventure à l'ermitage du Frère Ogrin.

Au soleil, sous un bois léger d'érables, auprès de sa chapelle, le vieil homme, appuyé sur sa béquille, allait à pas menus.

« Sire Tristan, s'écria-t-il, sachez quel grand serment ont juré les hommes de Cornouailles. Le roi a fait crier un ban par toutes les paroisses. Qui se saisira de vous recevra cent marcs[2] d'or pour son salaire, et tous les barons ont juré de vous livrer mort ou vif. Repentez-vous, Tristan ! Dieu pardonne au pécheur qui vient à repentance.

– Me repentir, sire Ogrin ? De quel crime ? Vous qui nous jugez, savez-vous quel boire nous avons bu sur la mer ? Oui, la bonne liqueur nous enivre, et j'aimerais mieux mendier toute ma vie par les routes et vivre d'herbes et de racines avec Iseut, que sans elle être roi d'un beau royaume.

– Sire Tristan, Dieu vous soit en aide, car vous avez perdu ce monde-ci et l'autre. Le traître à son seigneur, on doit le faire écarteler par deux chevaux, le brûler sur un bûcher, et là où sa cendre tombe, il ne croît plus d'herbe et le labour reste inutile ; les arbres, la verdure y dépérissent. Tristan, rendez la reine à celui qu'elle a épousé selon la loi de Rome[3] !

– Elle n'est plus à lui ; il l'a donnée à ses lépreux ; c'est sur les lépreux que je l'ai conquise. Désormais, elle est mienne ; je ne puis me séparer d'elle, ni elle de moi. »

---

1. Dans la peine et la souffrance.
2. 1/3 de la livre anglaise ; 1/2 de la livre parisis (monnaie frappée à Paris).
3. La loi de l'église romaine.

Ogrin s'était assis ; à ses pieds, Iseut pleurait, la tête sur les genoux de l'homme qui souffre pour Dieu. L'ermite lui redisait les saintes paroles du Livre ; mais, toute pleurante, elle secouait la tête et refusait de le croire.

« Hélas ! dit Ogrin, quel réconfort peut-on donner à des morts ? Repens-toi, Tristan, car celui qui vit dans le péché sans repentir est un mort.

– Non, je vis et ne me repens pas. Nous retournons à la forêt, qui nous protège et nous garde. Viens, Iseut, amie ! »

Iseut se releva ; ils se prirent par les mains. Ils entrèrent dans les hautes herbes et les bruyères ; les arbres refermèrent sur eux leurs branchages ; ils disparurent derrière les frondaisons. [...]

Tristan et Iseut dans la forêt, dessin colorié, manuscrit français du XVᵉ s., Bibliothèque Nationale, Paris.

La vie des fugitifs est une vie solitaire. Un jour pourtant, le chien de Tristan, Husdent, les rejoint ; pour que ses aboiements ne dénoncent pas les amants, Tristan lui apprend à chasser « à la muette ».

L'été s'en va, l'hiver est venu. Les amants vécurent tapis dans le creux d'un rocher : et sur le sol durci par la froidure, les glaçons hérissaient leur lit de feuilles mortes. Par la puissance de leur amour, ni l'un ni l'autre ne sentit sa misère.

Mais quand revint le temps clair, ils dressèrent sous les grands arbres leur hutte de branches reverdies. Tristan savait d'enfance l'art de contrefaire le chant des oiseaux des bois ; à son gré, il imitait le loriot, la mésange, le rossignol et toute la gent ailée ; et, parfois, sur les branches de la hutte, venus à son appel, les oiseaux nombreux, le cou gonflé, chantaient leurs lais[4] dans la lumière.

Les amants ne fuyaient plus par la forêt, sans cesse errants ; car nul des barons* ne se risquait à les poursuivre, connaissant[5] que Tristan les eût pendus aux branches des arbres. Un jour, pourtant, l'un des quatre traîtres, Guenelon, que Dieu maudisse ! entraîné par l'ardeur de la chasse, osa s'aventurer aux alentours du Morois. [...]

Mal lui en a pris, car il est tué par Gorvenal. Dès lors les amants ne sont plus inquiétés.

Seigneurs, c'était un jour d'été, au temps où l'on moissonne, un peu après la Pentecôte, et les oiseaux à la rosée chantaient l'aube prochaine. Tristan sortit de la hutte, ceignit son épée, apprêta l'arc Qui-ne-faut[6] et, seul, s'en fut chasser par le bois. Avant que descende le soir, une grande peine lui adviendra. Non, jamais amants ne s'aimèrent tant et ne l'expièrent si durement.

Quand Tristan revint de la chasse, accablé par la lourde chaleur, il prit la reine entre ses bras.

« Ami, où avez-vous été ?

---

4. Poème médiéval.
5. Sachant.
6. Qui ne manque jamais son but.

– Après un cerf qui m'a tout lassé*. Vois, la sueur coule de mes membres, je voudrais me coucher et dormir. »

Sous la loge de verts rameaux, jonchée d'herbes fraîches, Iseut s'étendit la première. Tristan se coucha près d'elle et déposa son épée nue entre leur corps. Pour leur bonheur, ils avaient gardé leurs vêtements. La reine avait au doigt l'anneau d'or aux belles émeraudes que Marc lui avait donné au jour des épousailles ; ses doigts étaient devenus si grêles, que la bague y tenait à peine. Ils dormaient ainsi, l'un des bras de Tristan passé sous le cou de son amie, l'autre jeté sur son beau corps, étroitement embrassés ; mais leurs lèvres ne se touchaient point. Pas un souffle de brise, pas une feuille qui tremble. À travers le toit de feuillage, un rayon de soleil descendait sur le visage d'Iseut, qui brillait comme un glaçon.

[...]

Mais un forestier surprend les amants endormis et court prévenir le roi Marc.

Le roi fit seller son cheval, ceignit son épée, et, sans nulle compagnie, s'échappa de la cité. Tout en chevauchant, seul, il se ressouvint de la nuit où il avait saisi son neveu : quelle tendresse avait alors montrée pour Tristan Iseut la Belle, au visage clair ! S'il les surprend, il châtiera ces grands péchés ; il se vengera de ceux qui l'ont honni...

À la Croix Rouge[7], il trouva le forestier :

« Va devant ; mène-moi vite et droit. »

L'ombre noire des grands arbres les enveloppe. Le roi suit l'espion. Il se fie à son épée, qui jadis a frappé de beaux coups. Ah ! si Tristan s'éveille, l'un des deux, Dieu sait lequel ! restera mort sur la place. Enfin le forestier dit tout bas :

« Roi, nous approchons. »

Il lui tint l'étrier et lia les rênes du cheval aux branches d'un pommier vert. Ils approchèrent encore, et soudain, dans une clairière ensoleillée, virent la hutte fleurie.

Le roi délace son manteau aux attaches d'or fin, le rejette, et son beau corps apparaît. Il tire son épée hors de la gaine, et redit en son cœur qu'il veut mourir s'il ne les tue. Le forestier le suivait ; il lui fait signe de s'en retourner.

7. Carrefour de la forêt où l'on enterrait les morts.

Il pénètre, seul, sous la hutte, l'épée nue, et la brandit... Ah ! quel deuil* s'il assène ce coup ! Mais il remarqua que leurs bouches ne se touchaient pas et qu'une épée nue séparait leurs corps :

« Dieu ! se dit-il, que vois-je ici ? Faut-il les tuer ? Depuis si longtemps qu'ils vivent en ce bois, s'ils s'aimaient de fol amour, auraient-ils placé cette épée entre eux ? Et chacun ne sait-il pas qu'une lame nue, qui sépare deux corps, est garante et gardienne de chasteté ? S'ils s'aimaient de fol amour, reposeraient-ils si purement ? Non, je ne les tuerai pas ; ce serait grand péché de les frapper ; et si j'éveillais ce dormeur et que l'un de nous deux fût tué, on en parlerait longtemps, et pour notre honte. Mais je ferai qu'à leur réveil ils sachent que je les ai trouvés endormis, que je n'ai pas voulu leur mort, et que Dieu les a pris en pitié. »

Le soleil, traversant la hutte, brûlait la face blanche d'Iseut. Le roi prit ses gants parés d'hermine : « C'est elle, songeait-il, qui, naguère[8], me les apporta d'Irlande !... » Il les plaça dans le feuillage pour fermer le trou par où le rayon descendait ; puis il retira doucement la bague aux pierres d'émeraude qu'il avait donnée à la reine ; naguère il avait fallu forcer un peu pour la lui passer au doigt ; maintenant ses doigts étaient si grêles que la bague vint sans effort : à la place, le roi mit l'anneau dont Iseut, jadis, lui avait fait présent. Puis il enleva l'épée qui séparait les amants, celle-là même – il la reconnut – qui s'était ébréchée dans le crâne du Morholt, posa la sienne à la place, sortit de la loge, sauta en selle, et dit au forestier :

« Fuis maintenant, et sauve ton corps, si tu peux ! »

Or, Iseut eut une vision dans son sommeil : elle était sous une riche tente, au milieu d'un grand bois. Deux lions s'élançaient sur elle et se battaient pour l'avoir... Elle jeta un cri et s'éveilla : les gants parés d'hermine blanche tombèrent sur son sein. Au cri, Tristan se dressa en pieds, voulut ramasser son épée et reconnut, à sa garde d'or, celle du roi. Et la reine vit à son doigt l'anneau de Marc. Elle s'écria :

« Sire, malheur à nous ! Le roi nous a surpris !

– Oui, dit Tristan, il a emporté mon épée ; il était seul, il a

8. Mot à mot : il n'y a guère (de temps). *Jadis* renvoie à un temps plus lointain.

pris peur, il est allé chercher du renfort ; il reviendra, nous fera brûler devant tout le peuple. Fuyons !... »

Et, à grandes journées, accompagnés de Gorvenal, ils s'enfuirent vers la terre de Galles, jusqu'aux confins de la forêt du Morois. Que de tortures amour leur aura causées !

Chapitre IX.

Comprenons le texte

I. La vie dans le Morois

1. Quelle sont les conditions de vie de Tristan et Iseut dans la forêt ? Y voyez-vous une amélioration ou une dégradation de leur situation ?

2. Quelles sont les activités de Tristan dans la forêt ?

3. Quel rôle la forêt joue-t-elle dans ce chapitre ?

II. La visite à l'ermite Ogrin

4. Pourquoi, selon l'ermite, Tristan et Iseut sont-ils « morts » (l. 37) ?

5. Pourquoi Tristan refuse-t-il de se repentir ?

III. La clémence du roi

6. Dans quelles intentions le roi se rend-il dans la forêt ?

7. À quoi son revirement est-il dû ? Qu'est-ce que cela nous apprend sur son caractère ? Comparez son attitude avec celle des chapitres précédents.

8. Que symbolisent les trois objets laissés par le roi ? Le rai de soleil ?

9. Comment pouvez-vous expliquer la position de l'épée entre les deux amants ?

IV. Le réveil des jeunes gens

10. Suivez dans ce chapitre l'idée déjà évoquée que leur amour est à la fois jouissance et douleur. Relevez des détails significatifs.

11. Les signes laissés par le roi ont-ils été bien interprétés par les jeunes gens ?

12. Quelle est la signification du rêve d'Iseut ? Son rapport avec la situation qu'elle vit ?

Apprécions l'art du récit

1. L'art de la préparation : comment interpréter l'épisode du cerf qui a « tout lassé » (l. 72) Tristan ? Qu'annonce-t-il ?

2. Dans la scène de la clémence du roi, relevez les effets de suspens qui dramatisent le récit.

3. Montrez que ce passage fait aussi place à la poésie de la nature et à la douceur des sentiments.

4. L'auteur varie les formes du discours : direct, indirect, indirect libre. Relevez-en des exemples.

Allons plus loin

1. « L'arc Qui-ne-faut » (l. 65) : il n'a rien de surnaturel, c'est une invention de Tristan. Citons Béroul : « Si un animal touche le rameau où cet arc bien tendu est attaché, haut, il est frappé haut, bas, il a une blessure basse » (v. 1730 *sqq*, éd. Garnier).

2. La vie au Moyen Âge : qu'est-ce que le ban ? l'arrière-ban ? Quel est le sens actuel de ces mots ?

3. Documentons-nous sur la forêt au Moyen Âge : son étendue, son rôle, ses habitants ; en particulier, qu'est-ce qu'un forestier ?

4. L'épée : que symbolise-t-elle en général ? Recherchez l'histoire de l'épée de Damoclès. À qui appartenaient ces célèbres épées : Durandal, Joyeuse, Excalibur, Hauteclaire ?

5. On a pu voir une ressemblance entre *Tristan et Iseut* et une ancienne histoire irlandaise : Grainne, l'épouse du roi Finn, s'est éprise du guerrier Diarmaid à cause d'un grain de beauté qu'elle lui a vu sur le corps. Elle met Diarmaid au défi de l'enlever, elle, la reine. Le jeune homme s'exécute et ils s'enfuient tous deux. Un jour Finn les surprend pendant leur sommeil, mais une pierre les sépare, qui met en évidence leur chasteté. Le roi pardonne à Grainne et, selon les versions, Diarmaid rentre à la cour ou s'exile ; ou encore, alors qu'il est grièvement blessé, le roi Finn, qui pourrait le guérir, le laisse mourir.

Lisons

L'histoire de Céphale et de son merveilleux javelot (Ovide, *Les Métamorphoses*, livre VII).

Le poème de Jean Lorrain, consacré à Iseut (*le Sang des Dieux*, 1882, Éd. Édouard-Joseph, 1920, cité dans *Approches littéraires/Les thèmes*, P. Brunel, Éd. Bordas).

Exprimons-nous

La vie sauvage est-elle encore possible de nos jours ? Dans quels lieux, à quelles conditions ?

8. Le jugement par le fer rouge

Les amants décident de se séparer. Marc accepte de reprendre Iseut mais Tristan devra s'éloigner. Au moment des adieux, Tristan donne Husdent à Iseut et celle-ci lui donne un anneau de jaspe vert qui leur servira éventuellement de signe de reconnaissance. Mais les trois barons félons* exigent qu'Iseut se soumette au jugement de Dieu qui seul peut prouver son innocence. La reine accepte et réclame la présence du roi Arthur et de ses chevaliers pour lui servir de garants au cas où on l'accuserait de nouveau.*

Tandis que se hâtaient vers Carduel les hérauts* d'armes, messagers de Marc auprès du roi Arthur, secrètement Iseut envoya vers Tristan son valet*, Perinis le Blond, le Fidèle.

Perinis courut sous les bois, évitant les sentiers frayés[1], tant qu'il atteignit la cabane d'Orri le forestier, où, depuis de longs jours, Tristan l'attendait[2]. Perinis lui rapporta les choses advenues, la nouvelle félonie*, le terme du jugement, l'heure et le lieu marqués :

« Sire, ma dame vous mande* qu'au jour fixé, sous une robe de pèlerin, si habilement déguisé que nul ne puisse vous reconnaître, sans armes, vous soyez à la Blanche-Lande[3] : il lui faut, pour atteindre le lieu du jugement, passer le fleuve en barque ; sur la rive opposée, là où seront les chevaliers du roi Arthur, vous l'attendrez. Sans doute, alors, vous pourrez lui porter aide. Ma dame redoute le jour du jugement : pourtant elle se fie en la courtoisie* de Dieu, qui déjà sut l'arracher aux mains des lépreux.

– Retourne vers la reine, beau doux ami Perinis : dis-lui que je ferai sa volonté. »

Or, seigneurs, quand Perinis s'en retourna vers Tintagel, il advint qu'il aperçut dans un fourré le même forestier qui,

1. Tracés.
2. Tristan n'a pu se résoudre à s'éloigner.
3. Endroit prévu pour le jugement, sur le fleuve qui marque la frontière entre la Cornouailles et le Pays de Galles, royaume d'Arthur.

naguère, ayant surpris les amants endormis, les avait dénoncés au roi. Un jour qu'il était ivre, il s'était vanté de sa traîtrise. L'homme, ayant creusé dans la terre un trou profond, le recouvrait habilement de branchages, pour y prendre loups et sangliers. Il vit s'élancer sur lui le valet de la reine et voulut fuir. Mais Perinis l'accula sur le bord du piège :

« Espion, qui as vendu la reine, pourquoi t'enfuir ? Reste là, près de ta tombe, que toi-même tu as pris le soin de creuser ! »

Son bâton tournoya dans l'air en bourdonnant. Le bâton et le crâne se brisèrent à la fois, et Perinis le Blond, le Fidèle, poussa du pied le corps dans la fosse couverte de branches.

Au jour marqué pour le jugement, le roi Marc, Iseut et les barons* de Cornouailles, ayant chevauché jusqu'à la Blanche-Lande, parvinrent en bel arroi[4] devant le fleuve, et, massés au long de l'autre rive, les chevaliers d'Arthur les saluèrent de leurs bannières brillantes.

Devant eux, assis sur la berge, un pèlerin miséreux, enveloppé dans sa chape, où pendaient des coquilles[5], tendait sa sébile[6] de bois et demandait l'aumône d'une voix aiguë et dolente[7].

À force de rames, les barques de Cornouailles approchaient. Quand elles furent près d'atterrir, Iseut demanda aux chevaliers qui l'entouraient :

« Seigneurs, comment pourrais-je atteindre la terre ferme, sans souiller mes longs vêtements dans cette fange[8] ? Il faudrait qu'un passeur vînt m'aider. »

L'un des chevaliers héla le pèlerin :

« Ami, retrousse ta chape, descends dans l'eau et porte la reine, si pourtant tu ne crains pas, cassé comme je te vois, de fléchir à mi-route. »

L'homme prit la reine dans ses bras. Elle lui dit tout bas : « Ami ! » Puis, tout bas encore : « Laisse-toi choir sur le sable. »

Parvenu au rivage, il trébucha et tomba, tenant la reine

---

4. En troupe ordonnée ou en bel équipage.
5. Coquilles Saint-Jacques. Saint-Jacques de Compostelle, haut lieu de pèlerinage.
6. Petite coupe.
7. Plaintive.
8. Boue.

La cour du roi Marc, miniature française du XVe s., Bibliothèque Nationale, Paris.

pressée entre ses bras. Écuyers et mariniers, saisissant les rames et les gaffes, pourchassaient le pauvre hère[9].

« Laissez-le, dit la reine ; sans doute un long pèlerinage l'avait affaibli. »

Et, détachant un fermail[10] d'or fin, elle le jeta au pèlerin.

Devant le pavillon d'Arthur, un riche drap de soie de Nicée[11] était étendu sur l'herbe verte, et les reliques des saints, retirées des écrins et des châsses[12], y étaient déjà disposées. Monseigneur Gauvain[13], Girflet et Ké le sénéchal* les gardaient.

La reine, ayant supplié Dieu, retira les joyaux de son cou et de ses mains et les donna aux pauvres mendiants ; elle détacha son manteau de pourpre et sa guimpe* fine, et les donna ; elle donna son chainse* et son bliaut* et ses chaussures enrichies de pierreries. Elle garda seulement sur son corps une tunique sans manches, et, les bras et les pieds nus, s'avança devant les deux rois. A l'entour, les barons la contemplaient en silence, et pleuraient. Près des reliques brûlait un brasier. Tremblante, elle étendit la main droite vers les ossements des saints, et dit :

« Roi de Logres, et vous, roi de Cornouailles, et vous, sire Gauvain, siré Ké, sire Girflet, et vous tous qui serez mes garants, par ces corps saints et par tous les corps saints qui sont en ce monde, je jure que jamais un homme né de femme ne m'a tenue entre ses bras, hormis le roi Marc, mon seigneur, et le pauvre pèlerin qui, tout à l'heure, s'est laissé choir à vos yeux. Roi Marc, ce serment convient-il ?

– Oui, reine, et que Dieu manifeste son vrai jugement !

– Amen ! » dit Iseut.

Elle s'approcha du brasier, pâle et chancelante. Tous se taisaient ; le fer était rouge. Alors, elle plongea ses bras nus dans la braise, saisit la barre de fer, marcha neuf pas en la portant, puis, l'ayant rejetée, étendit ses bras en croix, les paumes ouvertes. Et chacun vit que sa chair était plus saine que prune de prunier.

Alors de toutes les poitrines un grand cri de louange monta vers Dieu. [...]

---

9. Malheureux.
10. Agrafe.
11. Ville d'Asie Mineure célèbre pour son luxe.
12. Coffres contenant les reliques des saints.
13. Gauvain... chevaliers de la Table ronde, fidèles d'Arthur.
14. Le cadavre de Gondoïne.

Tristan ne se résout pas à s'éloigner d'Iseut. Les deux amants trouvent encore le moyen de se rejoindre. Tristan tue deux des barons félons, Denoalen et Gondoïne ; puis, ce sont les adieux définitifs.

Alors Iseut dit à Tristan :

« Fuis maintenant, ami ! Tu le vois, les félons connaissent ton refuge ! Andret survit, il l'enseignera au roi ; il n'est plus de sûreté pour toi dans la cabane du forestier ! Fuis, ami ! Perinis le Fidèle cachera ce corps[14] dans la forêt, si bien que le roi n'en saura jamais nulles nouvelles. Mais toi, fuis de ce pays, pour ton salut, pour le mien ! »

Tristan dit :

« Comment pourrais-je vivre ?

– Oui, ami Tristan, nos vies sont enlacées et tissées l'une à l'autre. Et moi, comment pourrais-je vivre ? Mon corps reste ici, tu as mon cœur.

– Iseut, amie, je pars, je ne sais pour quel pays. Mais, si jamais tu revois l'anneau de jaspe vert, feras-tu ce que je te manderai* par lui ?

– Oui, tu le sais : si je revois l'anneau de jaspe vert, ni tour, ni fort château, ni défense royale ne m'empêcheront de faire la volonté de mon ami, que ce soit folie ou sagesse !

– Amie, que le Dieu né en Bethléem t'en sache gré !

– Ami, que Dieu te garde ! »

Chapitres XII et XIII.

Comprenons le texte

I. Le stratagème d'Iseut

1. En quoi consiste ce stratagème ? Pourquoi l'invente-t-elle ? Qui veut-elle tromper ?

2. Qu'espère-t-elle en particulier en invoquant « la courtoisie de Dieu » ?

3. Ce chapitre s'appelle aussi parfois « le serment ambigu ». Expliquez cette appellation.

4. En quoi Tristan est-il ici un amant courtois ?

II. Une scène médiévale

5. Montrez que cette cérémonie revêt une certaine ampleur.

6. Que nous apprend ce chapitre sur la civilisation médiévale (mœurs, institutions...) ?

7. Que pensez-vous de cette façon de rendre la justice ?

Apprécions l'art du récit

Dites ce qui rend cette scène dramatique :
- relevez les détails expressifs : attitude de la reine, de la foule ;
- soulignez les effets de style : longueur des phrases, ordre des mots.

Allons plus loin

1. La justice au Moyen Âge : renseignez-vous sur l'épreuve judiciaire que nous venons de lire et qui porte le nom d'« ordalie ».

2. Que savez-vous sur le pèlerinage de Saint Jacques ? Qu'appelle-t-on aujourd'hui le « chemin de Saint-Jacques » ?

3. Les Chevaliers de la Table Ronde : qui sont-ils ? Qui est le roi Artur (ou Arthur) ? Quel rôle joue-t-il dans le monde médiéval ? Qu'est-ce que Logres ? Situez la ville de Carduel.

Lisons

L'histoire de Paolo et Francesca de Rimini dans *l'Enfer* de Dante (Chant V).

Un peu de vocabulaire

Du jugement par le feu, il nous reste une expression : « en mettre sa main au feu » ; que signifie-t-elle ?

Exprimons-nous

Vous est-il déjà arrivé de dire une vérité ambiguë, de mentir, sans vraiment mentir ? Dans quelles circonstances et dans quel but ?

9. Iseut aux Blanches Mains

Les amants ne pouvaient ni vivre ni mourir l'un sans l'autre. Séparés, ce n'était pas la vie, ni la mort, mais la vie et la mort à la fois.

Par les mers, les îles et les pays, Tristan voulut fuir sa misère. Il revit son pays de Loonnois, où Rohalt le Foi-Tenant reçut son fils avec des larmes de tendresse ; mais, ne pouvant supporter de vivre dans le repos de sa terre, Tristan s'en fut par les duchés et les royaumes, cherchant les aventures. Du Loonnois en Frise, de Frise en Gavoie[1], d'Allemagne en Espagne, il servit maints seigneurs, acheva maintes emprises[2]. Hélas ! pendant deux années, nulle nouvelle ne lui vint de Cornouailles, nul ami, nul message.

Alors il crut qu'Iseut s'était déprise de lui et qu'elle l'oubliait.

Or, il advint qu'un jour, chevauchant avec le seul Gorvenal, il entra sur la terre de Bretagne. Ils traversèrent une plaine dévastée : partout des murs ruinés, des villages sans habitants, des champs essartés[3] par le feu, et leurs chevaux foulaient des cendres et des charbons. Sur la lande déserte, Tristan songea :

« Je suis las et recru[4]. De quoi me servent ces aventures ? Ma dame est au loin, jamais je ne la reverrai. Depuis deux années, que ne m'a-t-elle fait querir* par les pays ? Pas un message d'elle. À Tintagel, le roi l'honore et la sert ; elle vit en joie. Certes, le grelot du chien enchanté[5] accomplit bien son œuvre ! Elle m'oublie, et peu lui chaut[6] des deuils* et des joies d'antan[7], peu lui chaut du chétif qui erre par ce pays désolé. À mon tour, n'oublierai-je jamais celle qui m'oublie ? Jamais ne trouverai-je qui guérisse ma misère ? » [...]

---

1. Royaume imaginaire peut-être situé en Écosse (Galloway) ou en Irlande (Galway).
2. Entreprises.
3. Débroussaillés.
4. Épuisé.
5. Le grelot de ce chien nommé Petit-Crû et offert par Tristan à Iseut avait le pouvoir de faire oublier tous les soucis.
6. Peu lui importe.
7. D'avant.

Tristan est sur les terres du duc Hoël à qui le comte Riol de Nantes mène une guerre sans merci. Tristan va offrir ses services au duc et à son fils Kaherdin.

Ils l'accueillirent avec honneur. Kaherdin fit visiter à son hôte les fortes murailles et la tour maîtresse, bien flanquée de bretèches[8] palissadées où s'embusquaient les arbalétriers. Des créneaux, il lui fit voir dans la plaine, au loin, les tentes et les pavillons plantés par le comte Riol. Quand ils furent revenus au seuil du château, Kaherdin dit à Tristan :

« Or, bel ami, nous monterons à la salle où sont ma mère et ma sœur. »

Tous deux, se tenant par la main, entrèrent dans la chambre des femmes. La mère et la fille, assises sur une courtepointe, paraient d'orfroi[9] un paile[10] d'Angleterre et chantaient une chanson de toile[11] : elles disaient comment Belle Doette[12], assise au vent sous l'épine blanche, attend et regrette Doon son ami, si lent à venir. Tristan les salua et elles le saluèrent, puis les deux chevaliers s'assirent auprès d'elles. Kaherdin, montrant l'étole que brodait sa mère :

« Voyez, dit-il, bel ami Tristan, quelle ouvrière est ma dame : comme elle sait à merveille orner les étoles et les chasubles pour en faire aumône aux moutiers* pauvres ! et comme les mains de ma sœur font courir les fils d'or sur ce samit[13] blanc ! Par foi, belle sœur, c'est à droit[14] que vous avez nom Iseut aux Blanches Mains ! »

Alors Tristan, connaissant qu'elle s'appelait Iseut, sourit et la regarda plus doucement.

Or, le comte Riol avait dressé son camp à trois milles de Carhaix[15], et, depuis bien des jours, les hommes du duc Hoël n'osaient plus, pour l'assaillir, franchir les barres[16]. Mais, dès le lendemain, Tristan, Kaherdin et douze jeunes chevaliers sortirent de Carhaix, les hauberts endossés, les heaumes lacés,

8. Ouvrage de fortification qui fait saillie sur une muraille.
9. Broderie.
10. Drap.
11. Qu'on chante à la veillée en tissant la toile.
12. Héroïne d'une chanson de toile du XIIe s., dont le fiancé est mort à la guerre (cf. p. 66).
13. Étoffe de soie plus riche que le cendal (voir p. 16 note 3).
14. Avec raison.
15. Résidence du duc Hoël ; aujourd'hui, ville du Finistère.
16. Barrières, portes.

et chevauchèrent sous des bois de sapins jusqu'aux approches des tentes ennemies ; puis, s'élançant de l'aguet, ils enlevèrent par force un charroi du comte Riol. À partir de ce jour, variant maintes fois ruses et prouesses*, ils culbutaient ses tentes mal gardées, attaquaient ses convois, navraient* et tuaient ses hommes et jamais ils ne rentraient dans Carhaix sans y ramener quelque proie. Par là, Tristan et Kaherdin commencèrent à se porter foi et tendresse, tant qu'ils se jurèrent amitié et compagnonnage. Jamais ils ne faussèrent cette parole, comme l'histoire vous l'apprendra.

Or, tandis qu'ils revenaient de ces chevauchées, parlant de chevalerie et de courtoisie*, souvent Kaherdin louait à son cher compagnon sa sœur Iseut aux Blanches Mains, la simple, la belle. [...]

Après une bataille ardente où Tristan a fait merveille, la victoire est au duc Hoël.

Quand les vainqueurs furent rentrés dans Carhaix, Kaherdin dit à son père :

« Sire, mandez* Tristan, et retenez-le ; il n'est pas de meilleur chevalier, et votre pays a besoin d'un baron* de telle prouesse*. »

Ayant pris le conseil de ses hommes, le duc Hoël appela Tristan :

« Ami, je ne saurais trop vous aimer, car vous m'avez conservé cette terre. Je veux donc m'acquitter envers vous. Ma fille, Iseut aux Blanches Mains, est née de ducs, de rois et de reines. Prenez-la, je vous la donne.

– Sire, je la prends », dit Tristan.

Ah ! seigneurs, pourquoi dit-il cette parole ? Mais, pour cette parole, il mourut.

Jour est pris, terme fixé. Le duc vient avec ses amis, Tristan avec les siens. Le chapelain chante la messe. Devant tous, à la porte du moutier, selon la loi de sainte Église, Tristan épouse Iseut aux Blanches Mains. Les noces furent grandes et riches. Mais la nuit venue, tandis que les hommes de Tristan le dépouillaient de ses vêtements, il advint que, en retirant la manche trop étroite de son bliaut*, ils enlevèrent et firent choir de son doigt son anneau de jaspe vert, l'anneau d'Iseut la Blonde. Il sonne clair sur les dalles.

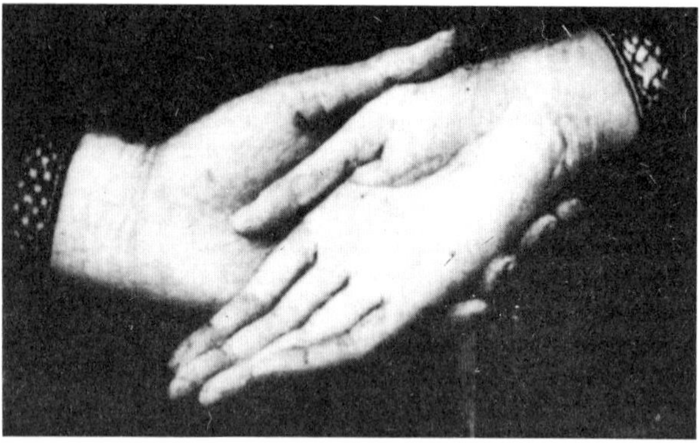

Les époux Arnolfini (détail), Van Eyck, National Gallery, Londres.

Tristan regarde et le voit. Alors son ancien amour se réveille, et Tristan connaît son forfait[17].

Il lui ressouvint du jour où Iseut la Blonde lui avait donné cet anneau : c'était dans la forêt, où, pour lui, elle avait mené l'âpre vie. Et, couché auprès de l'autre Iseut, il revit la hutte du Morois. Par quelle forsennerie[18] avait-il en son cœur accusé son amie de trahison ? Non, elle souffrait pour lui toute misère, et lui seul l'avait trahie.

Mais il prenait aussi en compassion[19] Iseut, sa femme, la simple, la belle. Les deux Iseut l'avaient aimé à la male heure. À toutes les deux il avait menti sa foi[20].

Pourtant, Iseut aux Blanches Mains s'étonnait de l'entendre soupirer, étendu à ses côtés. Elle lui dit enfin, un peu honteuse :

« Cher seigneur, vous ai-je offensé en quelque chose ? Pourquoi ne me donnez-vous pas un seul baiser ? Dites-le moi, que je connaisse mon tort, et je vous en ferai belle amendise[21], si je puis.

– Amie, dit Tristan, ne vous courroucez pas, mais j'ai fait un vœu. Naguère, en un autre pays, j'ai combattu un dragon,

---

17. Comprend son crime.
18. Folie (voir forcené : fou ; mot à mot : hors de son bon sens).
19. Pitié.
20. Été infidèle.
21. Réparation.

et j'allais périr, quand je me suis souvenu de la Mère de Dieu : je lui ai promis que, délivré du monstre par sa courtoisie, si jamais je prenais femme, tout un an je m'abstiendrais de l'accoler[22] et de l'embrasser...

– Or donc, dit Iseut aux Blanches Mains, je le souffrirai bonnement. »

Mais quand les servantes, au matin, lui ajustèrent la guimpe* des femmes épousées, elle sourit tristement, et songea qu'elle n'avait guère droit à cette parure.

Chapitre XV.

Comprenons le texte

I. Un chevalier errant

1. Montrez comment, dans cet épisode, Tristan renoue avec son destin de chevalier. Qu'est-ce qu'un chevalier errant ? Dans quelle mesure Tristan en est-il un ?

II. Le mariage de Tristan

2. Dans quel état d'esprit se trouve Tristan quand il rencontre Yseut aux Blanches Mains ?

3. Dites toutes les raisons qui ont poussé Tristan à épouser la seconde Iseut.

4. Pourquoi pense-t-il avoir commis un crime ?

5. Que symbolise l'« anneau de jaspe vert » (l. 93) ? Son bruit sur le sol ?

6. Commentez cette opinion d'un critique : « Dans *Tristan et Iseut*, il n'y a qu'un seul vrai adultère, celui que commet Tristan avec Iseut aux Blanches Mains. » (P. Gallais).

Un peu de vocabulaire

1. « Pavillon » (l. 33) : cherchez l'origine et l'évolution de ce mot.

2. Qu'est-ce qu'un charroi (l. 60) ? Recherchez d'autres mots de la même famille.

3. Remplacez l'expression « à la male heure » (l. 104), par une expression courante aujourd'hui.

---

22. La prendre par le cou, dans ses bras.

Allons plus loin

1. La référence historique : L'épisode de la guerre contre Riol de Nantes est peut-être une allusion à la difficulté du roi Henri II Plantagenêt, roi d'Angleterre (1154-1189), second mari d'Aliénor d'Aquitaine, pour pacifier cette région. Qui sont Aliénor, Richard Cœur de lion, les Plantagenêts ?

2. Les chevaliers : Roland, Olivier, Perceval, Lancelot, Gauvain, Yvain et bien sûr Tristan sont les plus célèbres. Que savez-vous d'eux ? Le mythe du chevalier errant en quête d'aventures survit au XVIIe siècle avec Don Quichotte ; qui est-il ?

Lisons

– Les amours célèbres : lisez et racontez l'histoire de Pyrame et Thisbé (Ovide, *les Métamorphoses*, Livre IV).

– Lisez quelques strophes d'une chanson de toile du XIIe siècle : Belle Doette.

Belle Doette assise à sa fenêtre
Lit en un livre, et son cœur est bien loin...
De son fiancé Doon a souvenance :
Il est parti combattre en d'autres terres.
Quelle douleur !

Un écuyer au perron du château
Met pied à terre et dépose sa malle.
Belle Doette a descendu les marches,
Ne croyant pas ouïr triste nouvelle.
Quelle douleur !

Belle Doette aussitôt lui demande :
« Et mon seigneur, depuis longtemps parti ? »
L'autre a grand peine et pleure de pitié ;
Belle Doette alors se pâme et tombe.
Quelle douleur !

Belle Doette est maintenant debout,
Voit l'écuyer et se tourne vers lui,
Toute dolente et le cœur endeuillé,
Cherchant des yeux vainement son seigneur.
Quelle douleur !

[...]

10. La mort

Tristan n'a de cesse de revoir Iseut ; il se rendra en Cornouailles et passera quelques jours de bonheur avec la reine. De retour en Bretagne, il est blessé au cours d'un combat par une flèche empoisonnée et se sent mourir. Il veut revoir Iseut et envoie, pour la chercher, Kaherdin, muni de l'anneau de jaspe et déguisé en marchand. Il fait ses dernières recommandations à son ami mais Iseut aux Blanches Mains surprend leur entretien.

« Hâtez-vous, compagnon, et revenez bientôt vers moi ; si vous tardez, vous ne me reverrez plus. Prenez un terme de quarante jours et ramenez Iseut la Blonde. Cachez votre départ à votre sœur, ou dites que vous allez querir* un médecin. Vous emmènerez ma belle nef* ; prenez avec vous deux voiles, l'une blanche, l'autre noire. Si vous ramenez la reine Iseut, dressez au retour la voile blanche ; et, si vous ne la ramenez pas, cinglez avec la voile noire. Ami, je n'ai plus rien à vous dire : que Dieu vous guide et vous ramène sain et sauf ! »

Il soupire, pleure et se lamente, et Kaherdin pleure pareillement, baise Tristan et prend congé.

Au premier vent il se mit en mer. Les mariniers halèrent les ancres, dressèrent la voile, cinglèrent par un vent léger, et leur proue trancha les vagues hautes et profondes. Ils emportaient de riches marchandises : des draps de soie teints de couleurs rares, de la belle vaisselle de Tours, des vins de Poitou, des gerfauts d'Espagne, et par cette ruse Kaherdin pensait parvenir auprès d'Iseut. Huit jours et huit nuits, ils fendirent les vagues et voguèrent à pleines voiles vers la Cornouailles.

Colère de femme est chose redoutable, et que chacun s'en garde ! Là où une femme aura le plus aimé, là aussi elle se vengera le plus cruellement. L'amour des femmes vient vite, et vite vient leur haine ; et leur inimitié, une fois venue, dure plus que l'amitié. Elles savent tempérer l'amour, mais non la haine. Debout contre la paroi, Iseut aux Blanches Mains avait entendu chaque parole. Elle avait tant aimé Tristan !... Elle connaissait enfin son amour pour une autre. Elle retint les choses entendues : si elle le peut un jour, comme elle se vengera sur ce qu'elle aime le plus au monde ! Pourtant, elle n'en fit nul semblant[1], et dès qu'on ouvrit les portes, elle entra dans la chambre de Tristan, et, cachant son courroux, continua de le servir et de lui faire belle chère[2], ainsi qu'il sied à une amante. Elle lui parlait doucement, le baisait sur les lèvres, et lui demandait si Kaherdin reviendrait bientôt avec le médecin qui devait le guérir. Mais toujours elle cherchait sa vengeance.

[...]

Kaherdin réussit à ramener Iseut la Blonde. Ils font voile vers la Bretagne.

À Carhaix, Tristan languit*. Il convoite la venue d'Iseut. Rien ne le conforte plus, et s'il vit encore, c'est qu'il l'attend. Chaque jour, il envoyait au rivage guetter si la nef revenait, et la couleur de sa voile ; nul autre désir ne lui tenait plus au cœur. Bientôt il se fit porter sur la falaise de Penmarch, et, si longtemps que le soleil se tenait à l'horizon, il regardait au loin la mer.

Écoutez, seigneurs, une aventure douloureuse, pitoyable à ceux qui aiment. Déjà Iseut approchait ; déjà la falaise de Penmarch surgissait au loin, et la nef cinglait plus joyeuse. Un vent d'orage grandit tout à coup, frappe droit contre la voile et fait tourner la nef sur elle-même. Les mariniers courent au lof[3], et contre leur gré virent en arrière. Le vent fait rage, les vagues profondes s'émeuvent, l'air s'épaissit en ténèbres, la mer noircit, la pluie s'abat en rafales. Haubans et boulines[4] se rompent, les mariniers baissent la voile et louvoient[5] au gré de l'onde et du vent. Ils avaient, pour leur malheur, oublié de hisser à bord la barque amarrée à la poupe et qui suivait le sillage de la nef. Une vague la brise et l'emporte.

Iseut s'écrie :

« Hélas ! chétive ! Dieu ne veut pas que je vive assez pour voir Tristan, mon ami, une fois encore, une fois seulement ; il veut que je sois noyée en cette mer. Tristan, si je vous avais parlé une fois encore, je me soucierais peu de mourir après. Ami, si je ne viens pas jusqu'à vous, c'est que Dieu ne le veut

---

1. Ne dévoila pas ses pensées.
2. Bonne figure.
3. Côté du navire frappé par le vent.
4. Cordages.
5. Naviguent en zigzag.

pas, et c'est ma pire douleur. Ma mort ne m'est rien : puisque Dieu la veut, je l'accepte ; mais, ami, quand vous l'apprendrez, vous mourrez, je le sais bien. Notre amour est de telle guise[6] que vous ne pouvez mourir sans moi, ni moi sans vous. Je vois votre mort devant moi en même temps que la mienne. Hélas ! ami, j'ai failli[7] à mon désir : il était de mourir dans vos bras, d'être ensevelie dans votre cercueil ; mais nous y avons failli. Je vais mourir seule, et, sans vous, disparaître dans la mer. Peut-être vous ne saurez pas ma mort, vous vivrez encore, attendant toujours que je vienne. Si Dieu le veut, vous guérirez même... Ah ! peut-être après moi vous aimerez une autre femme, vous aimerez Iseut aux Blanches Mains ! Je ne sais ce qui sera de vous : pour moi, ami, si je vous savais mort, je ne vivrais guère après. Que Dieu nous accorde, ami, ou que je vous guérisse, ou que nous mourions tous deux d'une même angoisse ! »

Ainsi gémit la reine, tant que dura la tourmente. Mais, après cinq jours, l'orage s'apaisa. Au plus haut du mât, Kaherdin hissa joyeusement la voile blanche, afin que Tristan reconnût de plus loin sa couleur. Déjà Kaherdin voit la Bretagne... Hélas ! presque aussitôt le calme suivit la tempête, la mer devint douce et toute plate, le vent cessa de gonfler la voile, et les mariniers louvoyèrent vainement en amont et en aval, en avant et en arrière. Au loin, ils apercevaient la côte, mais la tempête avait emporté leur barque, en sorte qu'ils ne pouvaient atterrir. À la troisième nuit, Iseut songea qu'elle tenait en son giron la tête d'un grand sanglier qui honnissait[8] sa robe de sang, et connut par là qu'elle ne reverrait plus son ami vivant.

Tristan était trop faible désormais pour veiller encore sur la falaise de Penmarch, et depuis de longs jours, enfermé loin du rivage, il pleurait pour Iseut qui ne venait pas. Dolent et las, il se plaint, soupire, s'agite ; peu s'en faut qu'il ne meure de son désir.

Enfin, le vent fraîchit et la voile blanche apparut. Alors, Iseut aux Blanches Mains se vengea.

Elle vient vers le lit de Tristan et dit :

« Ami, Kaherdin arrive. J'ai vu sa nef en mer : elle avance

---

6. Sorte. 7. Manqué. 8. Souillait.

à grand'peine ; pourtant je l'ai reconnue ; puisse-t-il apporter ce qui doit vous guérir ! »

Tristan tressaille :

« Amie belle, vous êtes sûre que c'est sa nef ? Or, dites-moi comment est la voile.

– Je l'ai bien vue, ils l'ont ouverte et dressée très haut, car ils ont peu de vent. Sachez qu'elle est toute noire. »

Tristan se tourna vers la muraille et dit :

« Je ne puis retenir ma vie plus longtemps. » Il dit trois fois : « Iseut, amie ! » À la quatrième, il rendit l'âme.

Alors, par la maison, pleurèrent les chevaliers, les compagnons de Tristan. Ils l'ôtèrent de son lit, l'étendirent sur un riche tapis et recouvrirent son corps d'un linceul.

Sur la mer, le vent s'était levé et frappait la voile en plein milieu. Il poussa la nef jusqu'à terre. Iseut la Blonde débarqua. Elle entendit de grandes plaintes par les rues, et les cloches sonner aux moutiers*, aux chapelles. Elle demanda aux gens du pays pourquoi ces glas, pourquoi ces pleurs.

Un vieillard lui dit :

« Dame, nous avons une grande douleur. Tristan le franc, le preux*, est mort. Il était large aux besogneux, secourable aux souffrants. C'est le pire désastre qui soit jamais tombé sur ce pays. »

Iseut l'entend, elle ne peut dire une parole. Elle monte vers le palais. Elle suit la rue, sa guimpe* déliée. Les Bretons s'émerveillaient à la regarder ; jamais ils n'avaient vu femme d'une telle beauté. Qui est-elle ? D'où vient-elle ?

Auprès de Tristan, Iseut aux Blanches Mains, affolée par le mal qu'elle avait causé, poussait de grands cris sur le cadavre. L'autre Iseut entra et lui dit :

« Dame, relevez-vous, et laissez-moi approcher. J'ai plus de droits à le pleurer que vous, croyez-m'en. Je l'ai plus aimé. »

Elle se tourna vers l'orient[9] et pria Dieu. Puis elle découvrit un peu le corps, s'étendit près de lui, tout le long de son ami, lui baisa la bouche et la face, et le serra étroitement : corps contre corps, bouche contre bouche, elle rend ainsi son âme ; elle mourut auprès de lui pour la douleur de son ami.

---

9. Jérusalem.

La mort de Tristan, miniature française du XVe s., Musée Condé, Chantilly.

Quand le roi Marc apprit la mort des amants, il franchit la mer et, venu en Bretagne, fit ouvrer[10] deux cercueils, l'un de calcédoine[11] pour Iseut, l'autre de béryl[12] pour Tristan. Il emporta sur sa nef vers Tintagel leurs corps aimés. Auprès d'une chapelle, à gauche et à droite de l'abside[13], il les ensevelit en deux tombeaux. Mais, pendant la nuit, de la tombe de Tristan jaillit une ronce verte et feuillue, aux forts rameaux, aux fleurs odorantes, qui, s'élevant par-dessus la chapelle, s'enfonça dans la tombe d'Iseut. Les gens du pays coupèrent la ronce : au lendemain elle renaît, aussi verte, aussi fleurie,

10. Confectionner.
11. Pierre précieuse d'une transparence laiteuse.
12. Pierre précieuse, verte ou bleue.
13. Extrémité d'une église, derrière le chœur.

aussi vivace, et plonge encore au lit d'Iseut la Blonde. Par trois fois ils voulurent la détruire ; vainement. Enfin, ils rapportèrent la merveille au roi Marc : le roi défendit de couper la ronce désormais.

Seigneurs, les bons trouvères d'antan, Béroul et Thomas, et monseigneur Eilhart et maître Gottfried, ont conté ce conte pour tous ceux qui aiment, non pour les autres. Ils vous mandent* par moi leur salut. Ils saluent ceux qui sont pensifs et ceux qui sont heureux, les mécontents et les désireux, ceux qui sont joyeux et ceux qui sont troublés, tous les amants. Puissent-ils trouver ici consolation contre l'inconstance, contre l'injustice, contre le dépit, contre la peine, contre tous les maux d'amour !

Chapitre XIX.
Le Roman de Tristan et Iseut, adaptation de Joseph Bédier.
U.G.E. 10/18, 1981.

Comprenons le texte

I. La tension dramatique

1. Relevez le vocabulaire du temps et de l'attente. À quel rythme le temps s'écoule-t-il dans ce chapitre ?

2. Le rôle d'Iseut aux Blanches Mains : en quoi la jeune fille contribue-t-elle à augmenter la tension ? En quoi est-elle perfide ? Peut-on comprendre son attitude ?

3. Évaluez le rôle de la tempête puis de l'accalmie dans l'action.

II. « Un conte d'amour et de mort »

4. De quoi les amants meurent-ils ?

5. Craignent-ils la mort ? Analysez en particulier les lamentations d'Iseut la Blonde. Que représente la mort pour eux ?

6. Leur mort était-elle inévitable ? Pourquoi ?

7. Leur histoire s'inscrit entre deux faits surnaturels : lesquels ? Que symbolise la ronce « verte », « fleurie », « vivace » (l. 147-148) ?

III. Pour conclure

8. Par quels adjectifs pourriez-vous qualifier cette scène ? Quels sentiments éveille-t-elle en vous ?

9. Commentez l'avertissement final de l'auteur.

Apprécions l'art du récit

1. Montrez comment le décor (mer, falaise, ville) est lié à l'action.

2. Quels procédés l'auteur utilise-t-il pour animer le récit de la tempête ? Comparer ce style à celui du récit de la mort des amants (l. 45-46 et 108-110).

Un peu de vocabulaire

1. « Ouvrer » (l. 139), « œuvrer », « travailler » : cherchez l'étymologie de ces mots. Le sens premier de « ouvrer » est « travailler ». Quel est son sens actuel ? Est-il plus restreint ou plus étendu ? Cherchez les mots de la même famille. Qu'est-ce qu'un « ouvroir » ? un « jour ouvrable » ? Quel est le doublet de « ouvrer » en français moderne ?

2. Que signifie, aujourd'hui, l'expression « faire bonne chère » ?

3. Qu'est-ce que « l'inconstance » (l. 158) ?

Lisons

Sur le thème de la mort des amants :
– la mort de Manon dans *Manon Lescaut*, de l'Abbé Prévost ;
– la mort de Catherine dans *les Hauts de Hurlevent* d'Emily Brontë (ch. XV et XVI).
– la mort de Mme de Mortsauf, dans *le Lys dans la vallée*, de Balzac (IIIe partie, « les deux femmes »).
– la mort de Chloé dans *l'Écume des jours* de Boris Vian (ch. LXII *sq*).
Ces vers du *Lai du Chèvrefeuille* (Marie de France) :
« Belle amie, ainsi est de nous :
Ni vous sans moi, ni moi sans vous. »

Allons au cinéma

L'Éternel retour, film de Jean Cocteau et Jean Delannoy (1943), (voir introduction).
Les Visiteurs du soir, (1942) de Marcel Carné : les deux amants sont changés en statues par le Diable mais, comme dans *Tristan et Iseut*, une manifestation surnaturelle signale la pérennité de leur amour : leurs cœurs continuent à battre au sein de la pierre.

Questions de synthèse

1. Établissez le schéma narratif du roman (situation initiale, éléments perturbateurs, séquences de la transformation, situation finale).

2. Faites le portrait complet de Tristan, Iseut, et Marc.

3. Étudiez :
- Le rôle de la mer dans le roman,
- Le rôle du hasard et du destin,
- Le thème du mensonge,
- Les éléments du merveilleux,
- L'amour-passion : montrez qu'il survit et sort grandi de toutes les épreuves.

4. L'amour entrave-t-il ou favorise-t-il la liberté de Tristan et Iseut ?

5. On reconnaît dans « Tristan » le mot « triste » : en définitive, la destinée du personnage est-elle triste ?

6. Selon certaines interprétations, Tristan symboliserait « le soleil printanier », Marc « le triste hiver » et Iseut « la Terre ». Qu'en pensez-vous ?

7. Lisez ces lignes d'un éminent critique :
« (C'est) une conception de l'amour illégitime, de l'amour souverain, de l'amour plus fort que l'honneur, plus fort que le sang, plus fort que la mort, de l'amour qui lie deux êtres l'un à l'autre par une chaîne que les autres et eux-mêmes sont impuissants à rompre ou à relâcher, de l'amour qui les surprend malgré eux, qui les entraîne dans la faute, qui les conduit au malheur, qui les amène ensemble à la mort, qui leur cause des douleurs et des angoisses, mais aussi des joies et des ivresses tellement incomparables et presque surhumaines, que leur histoire, une fois connue, resplendit éternellement au ciel du souvenir, d'un éclat douloureux et fascinant »[1]

Essayez d'illustrer chaque affirmation sur l'amour d'un exemple tiré du roman.

---

1. Gaston Paris, *Tristan et Iseut, Revue de Paris,* 1894.

GLOSSAIRE

Baron : grand seigneur.
Baronnie : seigneurerie et terre d'un baron.
Bliaut : robe de dessus, souvent faite de riches étoffes, et portée par les hommes et par les femmes.

Chainse : chemise.
Courtois : les qualités principales de l'être noble (par opposition au vilain) : honnête, poli, aimable (→ courtoisie).

Deuil : douleur.

Félon : traître.
Félonie : acte déloyal envers son seigneur.
Forfaire : agir contrairement à son devoir.

Guimpe : voile qui couvre la tête.

Héraut : officier chargé de la transmission des messages, des proclamations solennelles.

Languir : perdre lentement ses forces.
Lasser : fatiguer.

Mander : demander, envoyer chercher.
Moutier : église ou monastère.

Navrer : blesser.
Nef : grand navire à voile.

Occire : tuer.
Ouïr : entendre ou entendre dire.

Philtre : potion magique.
Preux : courageux (employé comme nom et adjectif).
Prouesse : exploit ; principales qualités du chevalier (courage, bravoure, honneur).

Quérir : chercher (→ quête, recherche).

Ravir : 1° emporter, enlever de force (ravisseur). 2° transporter au ciel.

Sénéchal : officier de la cour.
Sénéchaussée : étendue de la juridiction du sénéchal.
Serve : féminin de serf, esclave.

Valet : jeune noble, écuyer au service d'un seigneur.
Vassal : homme dépendant d'un seigneur à qui il doit obéissance.
Vil : infâme (→ vilenie, vilement, vilain).

DEUXIÈME PARTIE

L'AMOUR

Ci-contre, Gérard Philipe et Micheline Presle,
Le diable au corps, film de Claude Autant-Lara, 1947.

Madame de Lafayette

La Princesse de Clèves

Mme de Lafayette (1634-1693), écrivain du XVIIe siècle, a laissé, avec La Princesse de Clèves, *un chef-d'œuvre inégalable : la passion y est analysée avec profondeur et finesse, dans un pur langage classique.*

Marina Vlady, *La princesse de Clèves*, film de Jean Delannoy, 1960.

Le roman se passe à la Cour du roi Henri II de France (1547-1559) et de Catherine de Médicis, où se trouvent réunies des personnes de qualité qui sont « l'ornement et l'admiration de leur siècle ». Parmi elles, la jeune Mme de Clèves, « une beauté parfaite », vient d'épouser le prince de Clèves, qu'elle estime mais n'aime pas d'amour. Lors d'un bal princier, elle va rencontrer pour la première fois le jeune et beau duc de Nemours, que ses affaires ont retenu jusque-là loin de la Cour.

Elle avait ouï parler de ce prince à tout le monde comme de ce qu'il y avait de mieux fait et de plus agréable à la cour ; et surtout Mme la dauphine[1] le lui avait dépeint d'une sorte et lui en avait parlé tant de fois qu'elle lui avait donné de la curiosité, et même de l'impatience de le voir.

Elle passa tout le jour des fiançailles[2] chez elle à se parer, pour se trouver le soir au bal et au festin royal qui se faisait au Louvre. Lorsqu'elle arriva, l'on admira sa beauté et sa parure ; le bal commença et, comme elle dansait avec M. de Guise, il se fit un assez grand bruit vers la porte de la salle, comme de quelqu'un qui entrait et à qui on faisait place. Mme de Clèves acheva de danser et, pendant qu'elle cherchait des yeux quelqu'un qu'elle avait dessein de prendre[3], le roi lui cria de prendre celui qui arrivait. Elle se tourna et vit un homme qu'elle crut d'abord[4] ne pouvoir être que M. de Nemours, qui passait par-dessus quelques sièges pour arriver où l'on dansait. Ce prince était fait d'une sorte qu'il était difficile de n'être pas surprise de le voir quand on ne l'avait jamais vu, surtout ce soir-là, où le soin qu'il avait pris de se parer[5] augmentait encore l'air brillant qui était dans sa personne ; mais il était difficile aussi de voir Mme de Clèves pour la première fois sans avoir un grand étonnement.

M. de Nemours fut tellement surpris de sa beauté que, lorsqu'il fut proche d'elle, et qu'elle lui fit la révérence, il ne put s'empêcher de donner des marques de son admiration. Quand ils commencèrent à danser, il s'éleva dans la salle un murmure de louanges. Le roi et les reines[6] se souvinrent qu'ils

1. Marie Stuart (1542-1587), reine d'Écosse, mariée à François de Valois, le futur roi François II.
2. Celles de Claude de France, fille de Henri II, avec Charles II, prince de Lorraine.
3. Désirait inviter à danser.
4. Dès l'abord, tout de suite.
5. S'habiller avec grand soin.
6. Catherine de Médicis et Marie Stuart.

ne s'étaient jamais vus, et trouvèrent quelque chose de singulier de les voir danser ensemble sans se connaître. Ils les appelèrent quand ils eurent fini sans leur donner le loisir de parler à personne et leur demandèrent s'ils n'avaient pas bien envie de savoir qui ils étaient, et s'ils ne s'en doutaient point.

– Pour moi, madame, dit M. de Nemours, je n'ai pas d'incertitude ; mais comme Mme de Clèves n'a pas les mêmes raisons pour deviner qui je suis que celles que j'ai pour la reconnaître, je voudrais bien que Votre Majesté eût la bonté de lui apprendre mon nom.

– Je crois, dit Mme la dauphine, qu'elle le sait aussi bien que vous savez le sien.

– Je vous assure, madame, reprit Mme de Clèves, qui paraissait un peu embarrassée, que je ne devine pas si bien que vous pensez.

– Vous devinez fort bien, répondit Mme la dauphine ; et il y a même quelque chose d'obligeant pour M. de Nemours à ne vouloir pas avouer que vous le connaissez sans l'avoir jamais vu.

La reine les interrompit pour faire continuer le bal ; M. de Nemours prit la reine dauphine. Cette princesse était d'une parfaite beauté et avait paru telle aux yeux de M. de Nemours avant qu'il allât en Flandre ; mais, de tout le soir, il ne put admirer que Mme de Clèves.

Le chevalier de Guise, qui l'adorait toujours, était à ses pieds, et ce qui se venait de passer lui avait donné une douleur sensible. Il [le] prit comme un présage que la fortune destinait M. de Nemours à être amoureux de Mme de Clèves ; et, soit qu'en effet il eût paru quelque trouble sur son visage, ou que la jalousie fît voir au chevalier de Guise au-delà de la vérité, il crut qu'elle avait été touchée de la vue de ce prince, et il ne put s'empêcher de lui dire que M. de Nemours était bien heureux de commencer à être connu d'elle par une aventure qui avait quelque chose de galant et d'extraordinaire.

Mme de Clèves revint chez elle, l'esprit si rempli de tout ce qui s'était passé au bal que, quoiqu'il fût fort tard, elle alla dans la chambre de sa mère pour lui en rendre compte ; et elle lui loua M. de Nemours avec un certain air qui donna à Mme de Chartres la même pensée qu'avait eue le chevalier de Guise.

Mme de Lafayette, *la Princesse de Clèves*, 1678.

Comprenons le texte

1. Qu'est-ce qui fait l'originalité de cette rencontre ?

2. Montrez que les jeunes gens, sans se connaître, sont préparés à se rencontrer.

3. Qu'est-ce qui souligne à la fois la complicité et la clairvoyance de l'entourage dans la scène du bal ?

4. Relevez tous les détails qui rendent le caractère inévitable de ce coup de foudre.

Apprécions l'art du récit

Par quels mots l'auteur précise-t-elle les réactions et les sentiments des deux héros, leur beauté ? Comment qualifier ce vocabulaire ?

Allons plus loin

1. À quel épisode de *Tristan et Iseut* ce texte vous fait-il penser ? Comparez les circonstances et les effets.

2. Cherchez dans la littérature d'autres récits de coup de foudre.

3. Lisez l'histoire d'Éros et Psyché.

Ivan Tourgueniev

« C'est donc cela l'amour... »

Ivan Tourgueniev (1818-1883) est un écrivain russe dont les écrits contiennent des ferments révolutionnaires qui l'ont contraint à s'exiler. Lui-même a vécu un amour fou : il a tout quitté pour suivre, jusqu'à la mort, la cantatrice Pauline Viardot.
Le narrateur est encore un jeune garçon quand il tombe amoureux de sa voisine, la jolie Zinaïda, toujours entourée d'une cour de prétendants qu'elle mène à sa guise, sans en choisir aucun. Pourtant un mystère plane dans la vie de la jeune fille.
Le narrateur vit là « un premier amour » qui tourne court : déménagement, séparation. Quelque temps plus tard, à Moscou, lors d'une promenade à cheval qu'il fait avec son père, ce dernier quitte le jeune homme un instant en lui confiant les chevaux. Le temps passe ; le narrateur va à la rencontre de son père.

Je venais d'apercevoir mon père, à une quarantaine de pas en avant, appuyé sur le rebord de la fenêtre ouverte d'une petite maison en bois... Une femme était assise, à l'intérieur de la pièce, vêtue d'une robe sombre, à moitié dissimulée par un rideau. Elle parlait à mon père ; c'était Zinaïda.

Je restai bouche bée... C'était assurément la dernière des choses à quoi je me serais attendu. Mon premier mouvement fut de fuir. « Mon père va se retourner, me dis-je, et alors je suis perdu !... » Mais un sentiment étrange, plus fort que la curiosité et même que la jalousie, me retint où j'étais. Je me mis à regarder, dressai l'oreille. Mon père avait l'air d'insister, et Zinaïda n'était pas d'accord avec lui. Jamais je n'oublierai son visage tel qu'il m'apparut alors : triste, grave, avec une expression de fidélité impossible à décrire, et surtout de désespoir – oui, du désespoir, c'est le seul mot que je puisse trouver. Elle répondait par monosyllabes, les yeux baissés, et se contentait de sourire d'un air humble et têtu à la fois.

À ce seul sourire je reconnus la Zinaïda d'autrefois. Mon père haussa les épaules, fit mine d'arranger son chapeau – un geste d'impatience bien caractéristique de sa part... Ensuite

Gravure XIXᵉ s. : Maison en Russie.

j'entendis : « *Vous devez vous séparer de cette*[1]... » Zinaïda se redressa, étendit le bras... Et il se produisit alors une chose incroyable : mon père leva brusquement sa cravache, avec laquelle il fustigeait[2] les pans poussiéreux de sa veste, et cingla violemment le bras de la jeune fille, nu jusqu'au coude. J'eus peine à retenir un cri. Zinaïda tressaillit, regarda mon père en silence, porta lentement sa main à ses lèvres et baisa la cicatrice rouge... Mon père jeta la cravache, monta en courant les marches du perron et bondit à l'intérieur de la maison...

---

1. En français dans le texte. 2. Fouettait.

Zinaïda se retourna, étendit les bras, rejeta la tête en arrière et disparut...

Effrayé et stupéfait, je m'élançai, traversai la ruelle, faillis laisser partir Electric et me retrouvai enfin sur le quai.

Je savais bien que mon père, malgré son calme et sa retenue, était sujet à ces accès de rage ; néanmoins, je n'arrivais pas à comprendre la scène dont j'avais été témoin... Au même instant, je compris que jamais je ne pourrais oublier le geste, le regard, le sourire de Zinaïda, que son nouveau visage ne s'effacerait pas de ma mémoire...

Je contemplais le fleuve, comme un automate, et ne m'apercevais pas des larmes qui coulaient sur mes joues... Je pensais : « On la bat... »

« Eh bien, donne-moi mon cheval ! » cria mon père derrière moi.

Machinalement, je lui remis les brides. Il sauta en selle sur Electric. Le cheval, transi de froid, se cabra et fit un saut de trois mètres... Mon père le maîtrisa rapidement, lui laboura les flancs avec ses éperons et le frappa au cou avec son poing...

« Dommage que je n'aie pas de cravache ! » marmotta-t-il.

Je me souvins du sifflement de la cravache, tout à l'heure.

« Qu'en as-tu fait ? » me risquai-je à lui demander après un silence.

Il ne répondit rien et, me devançant, mit son cheval au galop. Je le rattrapai : je tenais absolument à voir son visage.

« Tu t'es ennuyé sans moi ? fit-il en serrant les dents.

– Un peu. Où as-tu perdu ta cravache ? » lui demandai-je de nouveau.

Il me jeta un rapide coup d'œil.

« Je ne l'ai pas perdue... Je l'ai jetée... »

Il baissa la tête, rêveur, et pour la première fois je m'aperçus combien de tendresse et de douleur pouvaient exprimer ses traits austères[3].

Il repartit au galop ; je ne parvins plus à le rejoindre et rentrai à la maison un quart d'heure après lui.

« C'est donc cela l'amour, me disais-je, la nuit, installé devant ma table de travail où livres et cahiers avaient fait leur réapparition... C'est cela la vraie passion... Peut-on ne pas se cabrer, ne pas se révolter... même si l'on adore la main qui vous frappe ?... Il faut croire que oui... quand on aime vraiment...

Ivan Tourgueniev, *Premier Amour*, 1862. Éd. Le Chêne.

Comprenons le texte

1. Soulignez le caractère énigmatique de la scène entre Zinaïda et le père du narrateur. Relevez des expressions du texte.

2. Quels sont les différents sentiments du narrateur ?

3. À quels signes reconnaît-on la passion qui semble exister entre le père et Zinaïda ? Démontrez le caractère ambigu de ce sentiment en vous appuyant sur l'ensemble du texte.

4. En quoi cette scène dont il a été le témoin est-elle importante dans l'évolution du narrateur ?

Apprécions l'art du récit

Par quels procédés l'auteur a-t-il rendu cette scène intense et dramatique ?

Un peu de vocabulaire

Cherchez l'étymologie, la famille (sur le double radical pat/pass) du mot « passion ».

Exprimons-nous

La passion ne se manifeste pas que dans l'amour. On peut être passionné pour bien des choses. Lesquelles, par exemple ? Dites à quels excès peut parfois mener une passion et faites la part de ses bienfaits et de ses méfaits pour celui qui la vit.

Allons plus loin

Connaissez-vous d'autres récits d'un premier amour ou d'amours de jeunesse ?

Alphonse Daudet

Les étoiles

C'est après plusieurs voyages en Provence qu'Alphonse Daudet (1840-1897) a écrit les Lettres de mon moulin, *pour faire connaître aux Parisiens cette région qu'il aimait. Ces contes sont maintenant des classiques de la littérature et charment par l'humour, la chaleur et la sensibilité qu'on y trouve.*

Le narrateur de cette histoire est un jeune berger de Provence. L'été, il garde les moutons dans la montagne et ne redescend pas au village pendant des semaines. Tous les quinze jours, on lui apporte ses provisions. Un jour, à la place du garçon de ferme qui s'acquitte ordinairement de cette besogne, il voit apparaître la fille de ses maîtres, la jolie Stéphanette, dont il est secrètement épris.

Le petit était malade, tante Norade en vacances chez ses enfants. La belle Stéphanette m'apprit tout ça, en descendant de sa mule, et aussi qu'elle arrivait tard parce qu'elle s'était perdue en route ; mais, à la voir si bien endimanchée, avec son ruban à fleurs, sa jupe brillante et ses dentelles, elle avait plutôt l'air de s'être attardée à quelque danse que d'avoir cherché son chemin dans les buissons. O la mignonne créature ! Mes yeux ne pouvaient pas se lasser de la regarder. Il est vrai que je ne l'avais jamais vue de si près. Quelquefois l'hiver, quand les troupeaux étaient descendus dans la plaine et que je rentrais le soir à la ferme pour souper, elle traversait la salle vivement, sans guère parler aux serviteurs, toujours parée et un peu fière... Et maintenant je l'avais là devant moi, rien que pour moi !

Les étoiles : gravure d'Emile Adan
pour *Les lettres de mon moulin* d'A. Daudet.

Quand elle eut tiré les provisions du panier, Stéphanette se mit à regarder curieusement autour d'elle. Relevant un peu sa belle jupe du dimanche qui aurait pu s'abîmer, elle entra dans le *parc*, voulut voir le coin où je couchais, la crèche de paille avec la peau de mouton, ma grande cape accrochée au mur, ma crosse, mon fusil à pierre. Tout cela l'amusait. « Alors c'est ici que tu vis, mon pauvre berger ? Comme tu dois t'ennuyer d'être toujours seul ? Qu'est-ce que tu fais ? À quoi penses-tu ?... » J'avais envie de répondre : « À vous, maîtresse », et je n'aurais pas menti ; mais mon trouble était si grand que je ne pouvais pas seulement trouver une parole. Je crois bien qu'elle s'en apercevait, et que la méchante prenait plaisir à redoubler mon embarras avec ses malices. En me parlant, elle avait l'air de la fée Estérelle, avec le joli rire de sa tête renversée et sa hâte de s'en aller qui faisait de sa visite une apparition.

« Adieu, berger.

– Salut, maîtresse. »

Et la voilà partie, emportant ses corbeilles vides.

Lorsqu'elle disparut dans le sentier en pente, il me semblait que les cailloux, roulant sous les sabots de la mule, me tombaient un à un sur le cœur. Je les entendis longtemps, longtemps ; et jusqu'à la fin du jour, je restai comme ensommeillé, n'osant bouger, de peur de faire en aller mon rêve. Vers le soir, comme le fond des vallées commençait à devenir bleu et que les bêtes se serraient en bêlant l'une contre l'autre pour rentrer au *parc*, j'entendis qu'on m'appelait dans la descente, et je vis paraître notre demoiselle, non plus rieuse ainsi que tout à l'heure, mais tremblante de froid, de peur et de mouillure. Il paraît qu'au bas de la côte, elle avait trouvé la Sorgue grossie par la pluie d'orage, et qu'en voulant passer à toute force, elle avait risqué de se noyer. Le terrible, c'est qu'à cette heure de nuit il ne fallait pas songer à retourner à la ferme, car le chemin par la traverse[1], notre demoiselle n'aurait jamais su s'y retrouver toute seule, et moi je ne pouvais pas quitter le troupeau. Cette idée de passer la nuit sur la montagne la tourmentait beaucoup, surtout à cause de l'inquiétude des siens. Moi, je la rassurais de mon mieux : « En

---

1. Chemin qui coupe, raccourci.

juillet, les nuits sont courtes, maîtresse : ce n'est qu'un mauvais moment. » Et j'allumai vite un grand feu pour sécher ses pieds et sa robe toute trempée de l'eau de la Sorgue. Ensuite j'apportai devant elle du lait, des fromageons ; mais la pauvre petite ne songeait ni à se chauffer, ni à manger, et de voir les grosses larmes qui montaient dans ses yeux, j'avais envie de pleurer, moi aussi.

Cependant la nuit était venue tout à fait. Il ne restait plus sur la crête des montagnes qu'une poussière de soleil, une vapeur de lumière du côté du couchant. Je voulus que notre demoiselle entrât se reposer dans le *parc*. Ayant étendu sur la paille fraîche une belle peau toute neuve, je lui souhaitai la bonne nuit, et j'allai m'asseoir dehors devant la porte, bien fier de songer que dans un coin du *parc*, tout près du troupeau curieux qui la regardait dormir, la fille de mes maîtres – comme une brebis plus précieuse et plus blanche que toutes les autres – reposait, confiée à ma garde. Jamais le ciel ne m'avait paru si profond, les étoiles si brillantes... Tout à coup, la claire-voie du *parc* s'ouvrit et la belle Stéphanette parut. Elle ne pouvait pas dormir. Les bêtes faisaient crier la paille en remuant ou bêlaient dans leurs rêves. Elle aimait mieux venir près du feu. Voyant cela, je lui jetai ma peau de bique sur les épaules, j'activai la flamme, et nous restâmes assis l'un près de l'autre sans parler. Si vous avez jamais passé la nuit à la belle étoile, vous savez qu'à l'heure où nous dormons, un monde mystérieux s'éveille dans la solitude et le silence. Alors les sources chantent bien plus clair, les étangs allument de petites flammes. Tous les esprits de la montagne vont et viennent librement ; et il y a dans l'air des frôlements, des bruits imperceptibles, comme si l'on entendait les branches grandir, l'herbe pousser. Le jour, c'est la vie des êtres ; mais la nuit, c'est la vie des choses. Quand on n'en a pas l'habitude, ça fait peur... Aussi notre demoiselle était toute frissonnante et se serrait contre moi au moindre bruit. Une fois, un cri long, mélancolique, parti de l'étang qui luisait plus bas, monta vers nous en ondulant. Au même instant une belle étoile filante glissa par-dessus nos têtes dans la même direction, comme si cette plainte que nous venions d'entendre portait une lumière avec elle.

« Qu'est-ce que c'est ? me demanda Stéphanette à voix basse.

– Une âme qui entre en paradis, maîtresse » ; et je fis le

signe de la croix. Elle se signa aussi et resta un moment la tête en l'air, très recueillie. Puis elle me dit : « C'est donc vrai, berger, que vous êtes sorciers, vous autres ?

– Nullement, notre demoiselle. Mais ici nous vivons plus près des étoiles, et nous savons ce qui s'y passe mieux que les gens de la plaine. »

Elle regardait toujours en haut, la tête appuyée dans la main, entourée de la peau de mouton comme un petit pâtre[2] céleste : « Qu'il y en a ! Que c'est beau ! Jamais je n'en avais tant vu... Est-ce que tu sais leur nom, berger ?

– Mais oui, maîtresse... Tenez ! juste au-dessus de nous, voilà le *chemin de Saint-Jacques* (la voie lactée). Il va de France droit sur l'Espagne. C'est saint Jacques de Galice qui l'a tracé pour montrer sa route au brave Charlemagne lorsqu'il faisait la guerre aux Sarrasins. Plus loin, vous avez le *char des âmes* (la Grande Ourse) avec ses quatre essieux[3] resplendissants. Les trois étoiles qui vont devant sont les trois *bêtes*, et cette toute petite contre la troisième, c'est le *charretier*. Voyez-vous tout autour cette pluie d'étoiles qui tombent ? Ce sont les âmes dont le bon Dieu ne veut pas chez lui... Un peu plus bas, voici le *râteau* ou les *trois rois* (Orion). C'est ce qui nous sert d'horloge, à nous autres. Rien qu'en les regardant, je sais maintenant qu'il est minuit passé. Un peu plus bas, toujours vers le Midi, brille *Jean de Milan*, le flambeau des astres (Sirius). Sur cette étoile-là, voici ce que les bergers racontent.

« Il paraît qu'une nuit *Jean de Milan*, avec les *trois rois* et la *Poucinière* (la Pléiade) furent invités à la noce d'une étoile de leurs amies. La *Poucinière*, plus pressée, partit, dit-on, la première, et prit le chemin haut. Regardez-la, là-haut, tout au fond du ciel. Les *trois rois* coupèrent plus bas et la rattrapèrent ; mais ce paresseux de *Jean de Milan*, qui avait dormi trop tard, resta tout à fait derrière, et, furieux, pour les arrêter, leur jeta son bâton. C'est pourquoi les *trois rois* s'appellent aussi *le bâton de Jean de Milan*... Mais la plus belle de toutes les étoiles, maîtresse, c'est la nôtre, c'est l'*Étoile du berger*, qui nous éclaire à l'aube quand nous sortons le troupeau et aussi

---

2. Berger. Pensez à *pasteur*.
3. Longues pièces à l'extrémité desquelles viennent se fixer les moyeux des roues (axe).

le soir, quand nous le rentrons. Nous la nommons encore *Maguelonne*, la belle *Maguelonne*, qui court après *Pierre de Provence* (Saturne) et se marie avec lui tous les sept ans[4].

– Comment ! berger, il y a donc des mariages d'étoiles ?...

– Mais oui, maîtresse... »

Et comme j'essayais de lui expliquer ce que c'était que ces mariages, je sentis quelque chose de frais et de fin peser légèrement sur mon épaule. C'était sa tête alourdie de sommeil qui s'appuyait contre moi avec un joli froissement de rubans, de dentelles et de cheveux ondés. Elle resta ainsi sans bouger jusqu'au moment où les astres du ciel pâlirent, effacés par le jour qui montait. Moi je la regardais dormir, un peu troublé au fond de mon être, mais saintement protégé par cette claire nuit qui ne m'a jamais donné que de belles pensées. Autour de nous, les étoiles continuaient leur marche silencieuse, dociles comme un grand troupeau, et par moments je me figurais qu'une de ces étoiles, la plus fine, la plus brillante, ayant perdu sa route, était venue se poser sur mon épaule pour dormir...

Alphonse Daudet, *les Lettres de mon moulin*, Édition de 1879.

Comprenons le texte

1. Donnez un autre titre au texte.

2. Qu'éprouve le berger en présence de Stéphanette ? Mettez en évidence la qualité et la noblesse de ses pensées.

3. Qu'est-ce qui sépare les deux jeunes gens ?

4. Quel rôle la nature joue-t-elle dans cette histoire ?

5. Qu'est-ce qui donne l'impression d'un rêve merveilleux ?

---

4. Tous ces détails d'astronomie populaire sont traduits de *l'Almanach provençal* publié en Avignon (note de l'auteur).

Apprécions l'art du récit

1. Un joli portrait : relevez les traits qui désignent la jeune fille et précisez l'impression générale produite par ce portrait. Montrez comment la comparaison finale est amenée naturellement par ce qui précède.

2. Étudiez les images du texte et dites comment elles s'harmonisent avec la vie et la mentalité du pâtre.

Allons plus loin

1. Distinguez étoile, astre, planète, constellation, galaxie.

2. Qu'est-ce que la voie lactée ? une étoile filante ?

3. Quel est l'autre nom de la Grande Ourse, de l'Étoile du Berger ?

4. Qu'est-ce que l'étoile de David, l'Étoile polaire, l'étoile de Béthléem ?

5. Que symbolise l'étoile ?

Exprimons-nous

1. « Le jour, c'est la vie des êtres ; la nuit, c'est la vie des choses » (l. 83-84) : avez-vous déjà vécu une expérience nocturne au cours de laquelle vous avez pu vérifier l'affirmation de l'auteur ? Après l'avoir racontée, vous direz quels sentiments vous avez alors éprouvés.

2. Quels profits, quels plaisirs pensez-vous pouvoir tirer d'une nuit à la belle étoile ?

Lisons

Sur le thème des amours impossibles, dites ce qui sépare ces couples célèbres : Héloïse et Abélard (voir le dictionnaire), Roméo et Juliette (Shakespeare), Rodrigue et Chimène (*Le Cid*, de Corneille).

Poèmes d'amour

Marie Noël

Marie Noël (1883-1967), de son vrai nom Marie Rouget, a passé sa vie en Bourgogne, à Auxerre, où elle a écrit ses poèmes qui, dans un langage simple, des mots de tous les jours, chantent l'amour, la vie mais aussi la souffrance et la mort.

Quand il est entré dans mon logis clos,
J'ourlais un drap lourd près de la fenêtre.
L'hiver dans les doigts, l'ombre sur le dos...
Sais-je depuis quand j'étais là sans être ?

Et je cousais, je cousais, je cousais...
– Mon cœur, qu'est-ce que tu faisais ?

Il m'a demandé des outils à nous.
Mes pieds ont couru, si vifs, dans la salle,
Qu'ils semblaient – si gais, si légers, si doux –,
Deux petits oiseaux caressant la dalle.

De-ci de-là, j'allais, j'allais, j'allais...
– Mon cœur, qu'est-ce que tu voulais ?

Il m'a demandé du beurre, du pain.
– Ma main en l'ouvrant caressait la huche[1] –
Du cidre nouveau, j'allais, et ma main
Caressait les bols, la table, la cruche.

Deux fois, dix fois, vingt fois je les touchais...
– Mon cœur, qu'est-ce que tu cherchais ?

---

1. Coffre pour le pain.

Il m'a fait sur tout trente-six pourquoi.
J'ai parlé de tout, des poules, des chèvres,
Du froid et du chaud, des gens, et ma voix
En sortant de moi caressait mes lèvres...

Et je causais, je causais, je causais...
– Mon cœur, qu'est-ce que tu disais ?

Quand il est parti, pour finir l'ourlet
Que j'avais laissé, je me suis assise...
L'aiguille chantait, l'aiguille volait.
Mes doigts caressaient notre toile bise...

Et je cousais, je cousais, je cousais...
– Mon cœur, qu'est-ce que tu faisais ?

Marie Noël, *les Chansons et les Heures*, 1920, in *l'Œuvre poétique*, Éd. Stock.

René-Guy Cadou

Poète de l'amour et de l'amitié, René-Guy Cadou, dans sa brève existence (1920-1951), n'a pas quitté sa Bretagne natale où il était instituteur. Dès l'âge de 17 ans, il se consacre à la poésie, une poésie toute d'émotions et de pureté, où son amour pour Hélène, sa femme, est évoqué avec ferveur, comme dans le poème qui suit.

Je t'attendais ainsi qu'on attend les navires
Dans les années de sécheresse quand le blé
Ne monte pas plus haut qu'une oreille dans l'herbe
Qui écoute apeurée la grande voix du temps

Je t'attendais et tous les quais toutes les routes
Ont retenti du pas brûlant qui s'en allait
Vers toi que je portais déjà sur mes épaules
Comme une douce pluie qui ne sèche jamais

Tu ne remuais encor que par quelques paupières
Quelques pattes d'oiseaux dans les vitres gelées
Je ne voyais en toi que cette solitude
Qui posait ses deux mains de feuille sur mon cou

Et pourtant c'était toi dans le clair de ma vie
Ce grand tapage matinal qui m'éveillait
Tous mes oiseaux tous mes vaisseaux tous mes pays
Ces astres ces millions d'astres qui se levaient

Ah que tu parlais bien quand toutes les fenêtres
Pétillaient dans le soir ainsi qu'un vin nouveau
Quand les portes s'ouvraient sur des villes légères
Où nous allions tous deux enlacés par les rues

Tu venais de si loin derrière ton visage
Que je ne savais plus à chaque battement
Si mon cœur durerait jusqu'au temps de toi-même
Où tu serais en moi plus forte que mon sang

René-Guy Cadou, *Quatre poèmes d'amour à Hélène*, 1945,
in *Œuvres poétiques complètes*, Éd. Seghers.

POÈME DE MARIE NOËL

Comprenons le texte

1. Résumez brièvement l'histoire évoquée dans ce poème.

2. En quoi ce poème est-il énigmatique ?

3. Quelle vie menait celle qui parle avant l'arrivée de l'inconnu ?

4. Quels sentiments la narratrice éprouve-t-elle ? Comment s'extériorisent-ils ?

5. Quelle réponse pourrait-on apporter aux questions qu'elle pose à son cœur ?

Apprécions l'art du poème

1. Quel rôle les vers 6, 12, 18, 24, 30 jouent-ils dans le poème ? Justifiez le titre donné au poème.

2. Repérez les deux strophes correspondantes qui encadrent le poème et comparez-les.

3. Les répétitions : quel effet produisent-elles ?

4. La musicalité : quelles sont les sonorités dominantes dans la première strophe ?

5. Étudiez la versification : mesure du vers, richesse et disposition des rimes.

Exprimons-nous

Récrivez le poème sous la forme d'un récit développé tel qu'on pourrait le rencontrer dans un roman.

POÈME DE RENÉ-GUY CADOU

Comprenons le texte

1. Comment l'auteur met-il en évidence l'impatience de l'attente ?

2. Hélène est déjà présente en lui. Comment cette présence se manifeste-t-elle ?

3. Étudiez le rôle de la nature dans le poème.

4. Relevez des visions de bonheur.

5. Montrez que cet amour s'étend aux dimensions de l'univers.

Comparons les deux textes

1. Repérez les thèmes communs.

2. Comparez le cadre et l'atmosphère.

3. Retrouvez dans le poème de Marie Noël un passage qui correspond à ce vers de R.-G. Cadou : « Ce grand tapage matinal qui m'éveillait » (v. 14).

4. Comparez la versification des deux poèmes.

5. Quel texte préférez-vous ? Justifiez votre choix.

Edmond Rostand

Le balcon

E. Rostand (1868-1918), auteur dramatique français à la verve éblouissante, connut un immense succès qui se poursuit encore aujourd'hui avec Cyrano de Bergerac *(1897) et* l'Aiglon (1900).

Nous sommes au XVIIe siècle. Cyrano de Bergerac est un cadet de Gascogne brave et généreux, mais, hélas, affublé d'un nez qui le défigure. Il aime Roxane, mais celle-ci est attirée par le beau Christian, qui ne sait guère parler aux femmes. Il demande à Cyrano, dont le talent de poète est connu, de faire sa déclaration à sa place. Les circonstances s'y prêtent : c'est la nuit, la jeune fille est à son balcon, les deux jeunes gens dessous. Cyrano engage la conversation. Roxane lui répond, croyant parler à Christian (extrait de l'Acte II, scène 7).

ROXANE

Quels mots me direz-vous ?

CYRANO

Tous ceux, tous ceux, tous ceux
Qui me viendront, je vais vous les jeter, en touffe,
Sans les mettre en bouquets : je vous aime, j'étouffe,
Je t'aime, je suis fou, je n'en peux plus, c'est trop ;
Ton nom est dans mon cœur comme dans un grelot,
Et comme tout le temps, Roxane, je frissonne,
Tout le temps, le grelot s'agite, et le nom sonne !
De toi, je me souviens de tout, j'ai tout aimé :
Je sais que l'an dernier, un jour, le douze mai,
Pour sortir le matin tu changeas de coiffure !

J'ai tellement pris pour clarté ta chevelure
Que, comme lorsqu'on a trop fixé le soleil,
On voit sur toute chose ensuite un rond vermeil,
Sur tout, quand j'ai quitté les feux dont tu m'inondes,
Mon regard ébloui pose des taches blondes !

ROXANE, *d'une voix troublée.*

Oui, c'est bien de l'amour...

CYRANO

Certes, ce sentiment
Qui m'envahit, terrible et jaloux, c'est vraiment
De l'amour, il en a toute la fureur triste !
De l'amour, – et pourtant il n'est pas égoïste !
Ah ! que pour ton bonheur je donnerais le mien,
Quand même tu devrais n'en savoir jamais rien,
S'il se pouvait, parfois, que de loin, j'entendisse
Rire un peu le bonheur né de mon sacrifice !
– Chaque regard de toi suscite une vertu
Nouvelle, une vaillance en moi ! Commences-tu
À comprendre, à présent ? voyons, te rends-tu compte ?
Sens-tu mon âme, un peu, dans cette ombre, qui monte ?...
Oh ! mais vraiment, ce soir, c'est trop beau, c'est trop doux !
Je vous dis tout cela, vous m'écoutez, moi, vous !
C'est trop ! Dans mon espoir même le moins modeste,
Je n'ai jamais espéré tant ! Il ne me reste
Qu'à mourir maintenant ! C'est à cause des mots
Que je dis qu'elle tremble entre les bleus rameaux !
Car vous tremblez, comme une feuille entre les feuilles !
Car tu trembles ! car j'ai senti, que tu le veuilles
Ou non, le tremblement adoré de ta main
Descendre tout le long des branches du jasmin !

Il baise éperdument l'extrémité d'une branche pendante.

ROXANE

Oui, je tremble, et je pleure, et je t'aime, et suis tienne !
Et tu m'as enivrée !

Gérard Depardieu, *Cyrano de Bergerac*, film de Jean-Paul Rappeneau, 1989.

CYRANO

Alors, que la mort vienne !
Cette ivresse, c'est moi, moi, qui l'ai su causer !
Je ne demande plus qu'une chose...

CHRISTIAN, *sous le balcon.*

Un baiser !

ROXANE, *se rejetant en arrière.*

Hein ?

CYRANO

Oh !

ROXANE

Vous demandez ?

CYRANO

Oui... je...

À Christian bas.

Tu vas
[trop vite.

CHRISTIAN

Puisqu'elle est si troublée, il faut que j'en profite !

CYRANO, *à Roxane*

Oui, je... j'ai demandé, c'est vrai... mais justes cieux !
Je comprends que je fus bien trop audacieux.

ROXANE, *un peu déçue.*

Vous n'insistez pas plus que cela ?

CYRANO

Si ! j'insiste...
Sans insister !... Oui, oui ! votre pudeur s'attriste !
Eh bien ! mais, ce baiser... ne me l'accordez pas !

CHRISTIAN, *à Cyrano, le tirant par son manteau.*

Pourquoi ?

CYRANO

Tais-toi, Christian !

ROXANE, *se penchant*

Que dites-vous tout bas ?

CYRANO

Mais d'être allé trop loin, moi-même je me gronde ;
Je me disais : tais-toi, Christian !...

Les théorbes[1] *se mettent à jouer.*

Une seconde !...

On vient ! [...]

Roxane referme la fenêtre.

[Quand le calme est revenu dans la rue, Roxane revient sur le balcon et accordera finalement un baiser à Christian.]

Edmond Rostand, *Cyrano de Bergerac,* Acte II, scène 7, 1897.

Comprenons le texte

1. Relevez les passages de cette déclaration où Cyrano, bien qu'il parle pour son ami Christian, parle de lui-même.

2. Dans les vers 1 à 37, quels sont les procédés de langage qui traduisent l'émotion de Cyrano ?

3. Quelle conception de l'amour se dégage ici ?

4. Comment Roxane réagit-elle à cette déclaration ?

5. En quoi l'intervention de Christian (v. 41) est-elle intempestive ?

---

1. Sorte de luth.

Apprécions l'art de la scène

1. Comment appelle-t-on, au théâtre en particulier, une situation comme celle-ci : un personnage prend quelqu'un pour quelqu'un d'autre ?

2. Le drame romantique, dont *Cyrano de Bergerac* s'inspire, préconisait le mélange des tons. Montrez qu'ici l'expression des sentiments se mêle à une situation de comédie.

3. Relevez les images (métaphores, comparaisons) de l'amour.

Allons plus loin

1. Les scènes de balcon sont assez fréquentes dans les histoires d'amour. Connaissez-vous celles-ci : *Roméo et Juliette* (Shakespeare, III, 5) ; *le Barbier de Séville* (acte I) ; dans *le Rouge et le Noir* (Stendhal), Julien rejoint Mathilde par la fenêtre, grâce à une échelle.

Écoutons

La chanson de Claude Nougaro : *Je suis sous* (« Grand angle sur Nougaro » - CD Philips 840186-2).

Marie Webb

« J'ai choisi mon paradis »

Mary Webb (1881-1927) est une romancière anglaise dont Sarn *(1924) est le plus grand succès. On y retrouve son goût pour sa province, pour la nature et ses forces secrètes, pour la poésie.*

Prue Sarn, la narratrice, est une belle jeune fille hélas défigurée par un bec-de-lièvre (une malformation de la lèvre). Elle vit avec sa mère et son frère Gédéon dans la ferme familiale, et essaie de prendre son infirmité en patience. Douce, bonne et sensible, elle tombe amoureuse du tisserand Kester Woodseaves, mais fait tout pour l'éviter tant elle a honte de son visage et sait son amour impossible. Le temps passe. De nombreux malheurs s'abattent sur son entourage, et les gens du village, qui la croient sorcière, la tiennent pour responsable. S'excitant mutuellement, ils vont la mettre à mort.

[Grimble[1]] ajouta :

– Un bec-de-lièvre ! Une sorcière ! Trois meurtres sur la conscience !

À ce moment Huglet[1] brailla :

– Faut point laisser vivre une sorcière !

Le silex était maintenant contre l'amadou[2]. Une grande clameur retentit.

– Jetez-la par terre !

– Des pierres !

– À l'eau !

Nul n'était près de moi pour me protéger, sauf des gens que personne n'aurait écoutés. Le sacristain était retourné chez lui. C'était un honnête homme ; sans doute m'eût-il défendue.

1. Villageois.
2. Substance provenant des champignons vivant sur les troncs des chênes et préparée pour prendre feu rapidement.

La plupart étaient étrangers dans le pays. Certains n'étaient ni pour moi, ni contre moi.

Féléna[1] poussa son mari en lui disant de parler en ma faveur, mais on lui cria :

– Tu risques quasiment d'être damné toi-même, berger ! Comment que tu paies ton loyer, dis ?

La foule avançait vers moi comme la crue d'un fleuve en hiver. On envoya quelqu'un à l'église pour y chercher la sellette[3] à plongeon, et la voix de Huglet retentit de nouveau :

– Faut point laisser vivre une sorcière !

Je crois qu'à ce moment je dus m'évanouir de terreur, car je ne me souviens plus de rien jusqu'à cet instant où le froid de l'eau me fit revenir à moi. J'étais à demi étouffée, comprimée par les cordes qui me liaient à la sellette, et les rugissements de Huglet résonnaient à mes oreilles comme le vacarme d'un énorme démon.

Je repris connaissance en me demandant quel était ce grand bruit et en croyant que Bendigo[4] s'était échappé. Puis je me souvins que le sacristain l'avait emmené et je cherchai du regard la cause de ce vacarme, puisque tous les chevaux des chars étaient à la ferme de Plash jusqu'au soir. Alors, levant les yeux, j'eus le sentiment que j'étais morte et que je me trouvais maintenant au paradis.

Devant moi, me contemplant du haut de son cheval, avec un long regard si étincelant de vie que, n'eussè-je été sûre du contraire, j'aurais pu croire qu'il m'aimait, se tenait Kester Woodseaves. Il semblait avoir légèrement vieilli et son visage s'était encore affiné, comme si l'âme se fût activement employée à le ciseler. Quant à ses yeux, toute la clarté du ciel y était réfléchie, sans parler de je ne sais quel sourire qui contenait toute la bonté humaine. Son regard m'enveloppa de la tête aux pieds. Aussitôt je fus en paix. Oui, liée à la sellette, dans une situation si humiliante qu'aucune femme respectable n'aurait voulu y être vue par aucun homme, et encore moins par celui qu'elle aimait, je me sentais pourtant en paix. Maintenant je ne craignais plus rien, je ne me souciais plus de

3. Petit siège bas sur lequel on installait l'accusé pour l'interrogatoire.

4. Le cheval de Prue.

rien. Kester était là ; il avait pris les choses en main. Qu'est-ce qui pouvait m'atteindre ? Ma foi était telle que, malgré les trois cents personnes soulevées contre moi et Kester seul, pour me défendre, je savais que j'étais en sûreté. J'aurais pu m'étendre et m'endormir sur cette vieille planche comme sur une couette, tant mon esprit était à l'aise.

– Eh bien, dit-il enfin. Eh bien ! Prue, ma chère, vous voilà mal en point !

Il me sourit légèrement comme pour me dire : « Mais ce n'est pas pour longtemps ! »

– Oui, répondis-je d'une voix qui tremblait de joie, bien mal en point, Kester Woodseaves.

Il jeta un regard alentour et reconnut Féléna. Elle accourut vers lui comme si elle eût été son esclave.

– Défaites ça, voulez-vous ? lui dit-il en désignant les cordes.

Tout en les détachant, elle chuchota :

– Je n'ai pas peur de ce qu'ils peuvent me faire. Je lui obéirai. C'est un homme pour qui on peut mourir.

– Y a-t-il ici un camarade qui veuille bien tenir mon roussin[5] une minute ? dit-il.

– Oui, répondit Callard[1], et de bon cœur.

Avant de descendre, Kester regarda autour de lui et s'écria :

– Eh bien, vous aviez une belle fête, vraiment ! La dernière fois, c'était un taureau blanc. Cette fois, c'est une femme plus blanche que le lis. Je sais très bien qui vous a monté la tête.

Certains baissèrent le nez, mais la plupart étaient furieux de se voir privés de leur amusement. Kester s'avança vers Grimble.

– Nous nous sommes querellés, Grimble, dit-il. Vous êtes trop plat et trop retors[6] pour qu'on vous traite comme un homme. Si la correction que je vais vous donner ne vous plaît pas, vous pouvez vous battre avec moi quand vous voudrez. Mais vous n'êtes bon qu'à faire rire de vous. Votre nez est trop long, Grimble, et il se fourre trop dans les affaires des autres.

Là-dessus, il lui lança un violent coup de poing, et Grimble, qui était un véritable couard[7] se mit à glapir de telle façon que tout le monde éclata de rire.

---

5. Cheval.
6. Rusé.
7. Peureux.

Puis Kester, s'approchant de Huglet, lui dit :

– Vous, vous jouez carte sur table. Vous ne faites rien en secret. Malheureux, je vous entendais hurler depuis Plash ! Voulez-vous vous battre ?

Mais Huglet, bien qu'il fût énorme, ne tenait pas à lutter, il connaissait la réputation de Kester et il hésita un bon moment. Toutefois, la plupart des gens n'étaient pas renseignés sur Kester, et, même s'ils l'avaient été, cela n'aurait rien changé, car ils voulaient à tout prix un divertissement. C'est sur quoi Kester avait compté.

– Un match de lutte ! crièrent-ils, mis de nouveau en bonne humeur, bien que personne n'eût pu dire si cela durerait.

– Hourra ! s'écria le vieux Callard, hors de lui tant il était excité.

Et les enfants, à la vue de Kester, se rappelant leurs leçons, se croisèrent les mains sur le ventre en chantonnant :

– Les combats de taureau sont une mauvaise chose.

J'en aurais ri si je n'avais été si inquiète de Kester.

– Un cercle ! Faites un cercle !

– Ah ! camarades, voici un bon terrain bien uni, dit Kester en désignant un endroit près de la berge.

On y traça un cercle. Kester arracha sa veste et son gilet, et Huglet en fit autant sans enthousiasme. On se hâtait de parier. Puis la lutte commença. Je m'attendais à voir Huglet broyer tous les os de Kester. Mais non ! Il était solide et, de plus, lutteur expérimenté. Chaque fois que Huglet semblait sur le point de le renverser, il lui glissait entre les bras, tout prêt à recommencer. Deux ou trois fois, Huglet le fit chanceler au point qu'une de ses épaules toucha presque le sol, mais chaque fois, il se dégagea d'un mouvement brusque et inattendu ; ce n'était qu'un coup manqué, cela ne comptait pas. Cependant j'avais grand-peur que Huglet, par sa force de brute, ne brisât les reins de Kester. Je voyais qu'il le désirait et ne pensait plus qu'à cela tant il haïssait l'homme qui, par deux fois, l'avait privé de son plaisir. Je me demandais pourquoi Kester ne tentait pas, pour quelque feinte, de le jeter à terre, mais Féléna chuchota :

– Il a une idée en tête, pour sûr, le tisserand. Il ne lambine pas pour rien.

Kester se rapprochait de plus en plus de la berge. Je m'en étonnais car, de ce côté, la vase était fort glissante.

Mais soudain, ce fut fait. Comment ? Je n'en sais rien. Kester prétend que ce fut grâce à un nouveau coup appris à la ville. Quoi qu'il en soit, en un clin d'œil, Huglet fut projeté non par terre, mais jusque dans l'eau. Il y fit un plongeon et quand il reparut, avec une certaine difficulté, car il était tombé de toute sa hauteur dans la vase gluante, de tels éclats de rire s'élevèrent qu'il en blêmit. Il était vraiment comique à voir. Le meunier, qui se tenait tout près, sourit pour la première fois de sa vie, comme pour dire : « Un autre chat à l'eau ! »

Kester resta immobile une minute, respirant longuement et reprenant haleine. Puis il enleva la bride des mains de Callard, posa son pied sur l'étrier et se mit en selle

– Je voudrais bien, dit Féléna, je voudrais bien être en selle devant vous, tisserand !

Je n'ai jamais vu une adoration comme celle qui brillait dans ses yeux verts. Mais Kester ne parut point le remarquer.

– Prue ! dit-il.

Je me levai.

– À la moisson de Sarn, ai-je parlé de retour ou de séparation ? me demanda-t-il.

– De retour, dis-je dans un murmure.

– Alors, venez ici, Prue Woodseaves !

Il se pencha, m'entoura de ses bras, me souleva sur la selle. C'était comme mon rêve d'autrefois ; et de même que dans ce rêve, Féléna le regardait d'un air suppliant auquel il restait insensible. Puis la rumeur de la foule s'évanouit ; les rires, les jurons de Huglet et de Grimble, les applaudissements des petits Callard et la voix aiguë du grand-père contant un match de lutte d'il y a cent ans, tout disparut et se perdit dans l'air calme. Seule, la brise du soir soulevait les feuillages comme un amoureux soulève la longue chevelure de sa bien-aimée.

– Vas-y, mon vieux roussin ! dit Kester à sa monture.

Et nous partîmes au petit galop vers les montagnes bleues et mauves.

– Mais non ! m'écriai-je. Il faut que ce soit une séparation, Kester ! Vous devriez épouser une fille belle comme un lis. Vous voyez bien que j'ai un bec-de-lièvre !

Mais il ne voulut rien entendre. Il ne discuta pas. Seulement, quand j'eus fini de plaider contre moi-même, il tira brusquement sur les rênes et, me regardant dans les yeux me dit :

– Plus de ces tristes discours ! J'ai choisi mon paradis. Il est sur ta poitrine, ma chère promise.

Et à ces mots, il pencha vers moi sa belle tête et me baisa sur les lèvres.

Ici finit le récit de Prue Sarn.

Mary Webb, *Sarn*, 1924, Éd. B. Grasset.

Comprenons le texte

1. Relevez tous les détails qui font de Kester un sauveur.

2. En quoi ce récit pourrait-il être une transposition moderne de la scène classique où le chevalier combat pour sa dame ?

3. Comment Prue réagit-elle à la vue de Kester ?

4. Les gens du village : précisez leur attitude et l'évolution de leurs réactions.

Apprécions l'art du récit

Montrez comment cette scène dramatique évolue en une scène romantique.

Allons plus loin

1. La disgrâce physique : à quel personnage de ce recueil Prue peut-elle être comparée ? Lisez sur ce thème : *la Cicatrice* de Bruce Lowery.

2. La sorcière : comment la représente-t-on traditionnellement ? Connaissez-vous des histoires de sorcières ? Qu'appelle-t-on historiquement « la chasse aux sorcières » ?

3. Qu'est-ce qu'un bouc émissaire ?

Exprimons-nous

Pourquoi la société refuse-t-elle aux gens le droit de faire justice soi-même ? Pour éviter quels abus ? Présentez vos arguments de façon ordonnée.

Albert Cohen

Ariane et son seigneur

Albert Cohen (1895-1981) a su faire vivre dans ses romans des personnages hauts en couleur en utilisant toutes les ressources d'une écriture moderne. Belle du Seigneur *est son œuvre la plus connue.*

Dans les années qui précèdent la Seconde Guerre mondiale, Ariane et Solal vivent un amour fou. Le jeune homme, haut fonctionnaire à la S.D.N.[1]*, à Genève, est parti en mission ; il a dû retarder son retour, au grand désespoir d'Ariane, restée sans nouvelles. Enfin, un télégramme arrive et Ariane, pressée d'y répondre, court à la poste.*

Dans la grande salle, elle tourna sur elle-même. Où était ce bureau des télégrammes ? L'ayant repéré, elle courut, un de ses bas en accordéon, détaché de la jarretelle.

Debout devant une provision de feuilles, elle ouvrit son sac. Mille trois cents francs. Bien assez. Elle dévissa son stylo, sourit à un petit chien qui s'embêtait, emmêla ses cheveux pour être d'attaque et se mit à écrire, déjà charmée.

« Solal aux bons soins Cook Place de la Madeleine Paris

« Oh merci merci points d'exclamation mon amour j'ai tant souffert mais je ne veux pas de reproches de moi à vous puisque je sais maintenant que je vais vous revoir stop j'accepte d'avoir vécu dans l'angoisse j'accepte que vous ne reveniez que le 25 j'accepte que ne me disiez pas ce qui vous a empêché de retourner le 9 comme promis j'accepte que ne

1. La Société des Nations.

me disiez pas ce que vous faites et où vous irez puisque vous me dites que n'êtes à Paris que jusqu'à ce soir je suppose que ce sont vos fonctions qui vous obligent à tous ces secrets stop je ne vous demande qu'une grâce c'est de prendre le train car trop d'accidents d'avions télégraphiez à quelle heure votre train arrivera à Genève le 25 et à quelle heure viendrez me voir en somme vous devriez venir chez moi dès votre arrivée à Genève sans même passer à votre Ritz[2] mais vous voudrez probablement vous raser et vous faire beau ce qui est absurde vous êtes toujours beau et même trop beau stop je retire le trop stop aimerais que vous soyez chez moi à 21 heures oh oh oh stop ces oh sont des cris de bonheur stop ai tant souffert du 9 août soir au 14 août matin stop la première nuit ai téléphoné toutes les heures au Ritz et chaque fois on me disait que vous n'étiez pas de retour stop les jours suivants terribles attentes du facteur et terribles téléphones au Ritz et à la S.D.N. stop dans le taxi tout à l'heure j'ai chanté de toute âme des sottises entendues à la radio dans le genre un amour comme le nôtre il n'en existe pas deux stop merci de ne pouvoir vivre sans moi mais dans votre télégramme il y a un très devant belle mais pas devant élégante dois-je en conclure que vous ne me trouvez pas tout à fait élégante stop lorsque je ne savais pas ce qui se passait et si vous m'aviez abandonnée je n'avais pas le courage de relire vos lettres mais tout à l'heure chez moi étalerai toutes vos lettres sur mon lit les relirai étendue sans rien car il fait très chaud stop quand vous viendrez vous ferez de moi tout ce que tu voudras j'ai honte de l'employé du télégraphe qui va lire tout cela mais tant pis je ne le regarderai pas pendant qu'il comptera les mots stop s'il vous plaît tous les soirs regardez l'étoile polaire à 21 heures précises pendant trois minutes moi aussi à 21 heures je la regarderai pendant 3 minutes et ainsi nos regards se rencontreront là-haut et nous serons ensemble stop l'étoile polaire naturellement s'il n'y a pas de nuages stop si nuages rendez-vous nuit suivante même heure même endroit stop aimé attention 21 heures heure suisse donc si vous êtes dans un pays où l'heure est différente de l'heure suisse regardez l'étoile polaire à l'heure du pays correspondant à 21 heures suisses stop [...] aimé ne fumez pas trop s'il vous plaît pas plus de

2. Grand hôtel où vit Solal habituellement.

vingt par jour et si les nuits sont fraîches mettez un manteau léger stop pardon de m'immiscer[3] stop n'ai jamais porté d'alliance mais vais en acheter une et la mettrai quand serai seule et votre femme devant Dieu stop ne comprends pas du tout pourquoi vous êtes tellement de passage à Paris et que ne me donniez pas adresse d'un hôtel où aurais pu vous téléphoner ou même venir vous voir car enfin vous passez bien vos nuits dans des hôtels même si changez de ville chaque jour stop enfin demain ce sera dans dix jours et le 24 août je me dirai dans le lit je le vois demain et il se passera ceci et puis cela stop je suis à vous je suis ce que vous voudrez votre enfant votre amie votre frère et le 25 août ta femme avec de nombreux points de suspension stop j'étais si malheureuse je pleurais je restais couchée je n'avais pas faim maintenant j'ai faim mais surtout de vos bras me serreront si fort que j'en aurai des bleus merveilleux stop le 25 août il y aura du thé très bon mais je ne le renverserai pas même si à genoux comme le soir où je me suis agenouillée devant mon prince de la nuit stop télégraphiez encore et dites-moi que tu m'aimes et à quelle heure vous arriverez le 25 août chéri stop chaque fois que vous penserez à moi pendant ces 11 jours dites-vous qu'elle est en train de vous aimer et de vous attendre ce sera vrai chaque fois Ariane de son seigneur. »

Le terrible allait être d'affronter l'homme du télégraphe qui lirait ces feuilles avec hostilité car il était vieux. Affreux de rester devant lui comme une accusée tandis qu'il compterait les mots et qu'il la critiquerait intérieurement. Tant pis. Elle s'élança. S'empêtrant dans son bas gauche descendu jusqu'à terre, elle tomba en avant, se releva, vérifia ses dents. Rien de cassé. Merci, mon Dieu. Fermant les yeux pour n'être pas vue, elle releva sa jupe, fixa son bas, puis courut vers le guichet et fit un sourire ravissant au nez bourgeonné[4] du sale vieux, pour en acheter l'indulgence.

Albert Cohen, *Belle du Seigneur*, 1968, © Éd. Gallimard.

3. Me mêler ; intervenir.
4. Avec des boutons.

Comprenons le texte

1. Quelle impression générale ce texte produit-il sur vous ?

2. Précisez dans quel état d'esprit se trouve l'héroïne. À l'image du fil d'Ariane... peut-on suivre les articulations de sa pensée ?

3. Définissez l'amour qu'elle porte à Solal.

Apprécions l'art du récit

1. Relevez des traits d'humour.

2. Le contraste des tons : montrez que le langage le plus familier côtoie le langage de la passion.

Exprimons-nous

Un télégramme sert à communiquer des informations urgentes et essentielles. Que pensez-vous de la manière dont Ariane rédige le sien ? Essayez de le réduire à l'essentiel.

Écoutons

Le sketch du télégramme, dit par Yves Montand et Simone Signoret, disque Philips 6332227.

Allons plus loin

1. Retrouvez la légende où il est question du fil d'Ariane. Dites quel est le sens de cette expression aujourd'hui.

2. Amusons-nous : renseignez-vous sur le coût d'un télégramme et calculez combien aurait coûté celui d'Ariane.

Daphné du Maurier

La demande en mariage

Daphné du Maurier (1907-1989), une des grandes romancières anglaises, vient de mourir en laissant une œuvre étrange et prenante. On comprend qu'Alfred Hitchcock ait adapté à l'écran deux de ses œuvres : Rebecca *et* les Oiseaux.

La narratrice, jeune, pauvre et orpheline, est la dame de compagnie d'une riche Américaine, Mrs Van Hooper. Cantonnée dans un rôle ingrat et subalterne, la jeune fille voit sa vie se transformer le jour où une vague relation de sa patronne, le beau et riche Max de Winter, lui aussi en villégiature à Monte-Carlo, semble la considérer autrement que comme un être inférieur. Ils vont parfois se promener ensemble. Mais Mrs Van Hooper décide brusquement de repartir pour New York. La narratrice vient faire ses adieux à Max de Winter qui prend son petit déjeuner sur la terrasse de l'hôtel.

– Alors Mrs Van Hooper en a assez de Monte-Carlo, dit-il, et elle a envie de rentrer chez elle. Moi aussi. Elle à New York, et moi à Manderley[1]. Qu'est-ce que vous préférez ? Vous avez le choix.

– Ne plaisantez pas, ce n'est pas chic, dis-je. Et puis, je ferais mieux de m'occuper de ces tickets[2] et de vous dire au revoir.

1. La résidence anglaise de Max de Winter. 2. Les tickets de train.

– Si vous croyez que je suis de ces gens qui plaisantent au petit déjeuner, vous vous trompez, fit-il. Je suis toujours de mauvaise humeur le matin. Je vous répète que vous avez le choix. Ou bien vous allez à New York avec Mrs Van Hopper, ou bien vous venez à Manderley avec moi.

– Vous voulez dire que vous avez besoin d'une secrétaire, ou quelque chose comme cela ?

– Non, nigaude, je vous demande de m'épouser.

Le garçon vint apporter le petit déjeuner, et je restai assise, mes mains sur mes genoux, à le regarder poser la cafetière et le pot de lait.

– Vous ne comprenez pas, dis-je, quand le garçon se fut éloigné. Je ne suis pas de celles qu'on épouse.

– Que diable voulez-vous dire ? fit-il en me regardant et posant sa cuiller.

Je regardais une mouche s'installer sur la confiture, il la chassa d'un geste impatient.

– Je ne sais pas bien, dis-je avec lenteur. Je ne peux pas expliquer. D'abord, je ne fais pas partie de votre monde.

– Qu'est-ce que c'est que mon monde ?

– Eh bien !... Manderley. Vous savez bien ce que je veux dire.

Il reprit sa cuiller et se servit de confiture.

– Vous êtes presque aussi ignorante que Mrs Van Hopper, et aussi inintelligente. Que savez-vous de Manderley ? C'est à moi de juger si vous pouvez en faire partie ou non. Vous pensez que je vous demande ça sans y avoir réfléchi, n'est-ce pas ? Parce que vous dites que vous n'avez pas envie d'aller à New York. Vous pensez que je vous demande en mariage, pour la même raison qui, selon vous, me faisait vous promener en voiture, et vous inviter à dîner le premier soir. Par bonté, n'est-ce pas ?

– Oui, fis-je.

– Un jour, continua-t-il en tartinant son toast, vous vous rendrez peut-être compte que la philanthropie[3] n'est pas mon fort. Pour l'instant, je crois que vous ne vous rendez compte de rien. Vous n'avez pas répondu à ma question. Voulez-vous m'épouser ?

Je ne crois pas que j'avais, en mes heures les plus hardies,

---

3. Amour de l'humanité.

imaginé seulement cette possibilité. Une fois, en voiture avec lui, comme nous nous taisions depuis plusieurs kilomètres, j'avais commencé une histoire dans ma tête : il serait très malade, il aurait le délire et il m'appellerait et je le soignerais. J'en étais au point de mon histoire où je lui versais de l'eau de Cologne sur la tête, quand nous étions arrivés à l'hôtel, et j'en étais restée là. Cette soudaine demande en mariage m'ahurit, me choqua même, je crois. C'était comme si le roi vous demandait. Ça n'avait pas l'air vrai. Et lui continuait à manger sa confiture comme si tout était naturel. Dans les livres, les hommes s'agenouillent devant les femmes, et il y a un clair de lune. Cela ne se passe pas au petit déjeuner, pas comme cela.

– Ma proposition ne semble pas avoir beaucoup de succès, dit-il. Tant pis. Je croyais un peu que vous m'aimiez. C'est un coup pour ma vanité.

– Je vous aime, dis-je. Je vous aime terriblement. Vous m'avez rendue très malheureuse et j'ai pleuré toute la nuit parce que je croyais ne plus vous revoir jamais.

Comme je disais cela, il rit, je me rappelle, et me tendit la main par-dessus la table du petit déjeuner. « Soyez bénie pour cela, dit-il. [...]

J'étais déjà confuse et fâchée contre lui parce qu'il riait. Donc, les femmes n'avouaient pas ces choses aux hommes. J'avais beaucoup à apprendre.

– Alors, c'est entendu, n'est-ce pas ? dit-il, sans poser son toast couvert de confiture. Au lieu de tenir compagnie à Mrs Van Hopper, vous me tiendrez compagnie à moi, et vos obligations seront à peu près les mêmes. Moi aussi j'aime les livres nouveaux, les fleurs dans le salon, et le bésigue[4] après dîner. Et quelqu'un qui me verse mon thé.

Je tambourinais des doigts sur la nappe, doutant de moi et de lui. Est-ce qu'il continuait à se moquer de moi, est-ce que tout cela était une plaisanterie ? Il me regarda et vit l'anxiété sur mon visage.

– Je me conduis comme une brute avec vous, n'est-ce pas ? dit-il, ce n'est pas ainsi que vous imaginiez une demande en mariage. Nous devrions être dans une serre, vous en robe blanche, une rose à la main, tandis qu'un violon jouerait une

4. Jeu de cartes.

valse au loin. Et je vous ferais furieusement la cour derrière un palmier. Vous trouveriez alors que vous en avez pour votre argent. Pauvre chou, quelle honte ! Ça ne fait rien, je vous emmènerai à Venise pour notre voyage de noces, et nous nous tiendrons les mains en gondole. Mais nous n'y resterons pas trop longtemps, parce que j'ai envie de vous montrer Manderley.

Il avait envie de me montrer Manderley... Et je compris soudain que tout cela arriverait, je serais sa femme, nous nous promènerions ensemble dans le jardin, nous descendrions le sentier qui mène à la grève.

Daphné du Maurier, *Rebecca*, 1938, Éd. Albin Michel.

Comprenons le texte

1. Pourquoi la narratrice pense-t-elle que cette demande en mariage est une plaisanterie ?

2. En quoi la jeune fille apparaît-elle à la fois naïve, romanesque et réaliste ?

3. Que pensez-vous des manières d'agir de Max ? Comment se comporte-t-il avec la narratrice ?

4. Relevez des traits d'humour.

5. Finalement, montrez que cette demande en mariage est bien peu traditionnelle (décor, moment, ton adopté...).

Lisons

La demande en mariage :
G. Sand : *la Mare au diable* (cf. Œuvres et thèmes, Éd. Hatier).
A. Tchekhov : *la Demande en mariage* (pièce en un acte).

Allons plus loin

1. Les traditions du mariage : renseignez-vous au CDI sur les différentes coutumes concernant la demande en mariage et la cérémonie, suivant les époques et les pays (repas, menu, habillement).

2. Lisez dans un roman « à l'eau de rose » de votre choix, une demande en mariage plus conventionnelle et comparez les deux textes (décor, comportement des personnages, dialogues, démarche de l'aveu).

Colette

Toi et moi

Colette (1873-1954) est une romancière française à l'écriture inimitable et chatoyante, qui traduit avec ferveur les nuances de la nature comme celles du sentiment.

Dans ce court chapitre des Vrilles de la vigne, *elle parle d'un moment d'amour parfait qui s'inscrit avec bonheur dans l'amour que l'auteur porte à la nature.*

Je gis sans mouvement, la tête sur ta douce épaule. Je vais sûrement, jusqu'à demain, descendre au fond d'un noir sommeil, un sommeil si têtu, si fermé, que les ailes des rêves le viendront battre en vain. Je vais dormir... Attends seulement que je cherche, pour la plante de mes pieds qui fourmille et brûle, une place toute fraîche... Tu n'as pas bougé. Tu respires à longs traits, mais je sens ton épaule encore éveillée, attentive à se creuser sous ma joue... Dormons... Les nuits de mai sont si courtes. Malgré l'obscurité bleue qui nous baigne, mes paupières sont encore pleines de soleil, de flammes roses, d'ombres qui bougent, balancées, et je contemple ma journée les yeux clos, comme on se penche, derrière l'abri d'une persienne, sur un jardin d'été éblouissant...

Comme mon cœur bat ! J'entends aussi le tien sous mon oreille. Tu ne dors pas ? Je lève un peu la tête, je devine la pâleur de ton visage renversé, l'ombre fauve de tes courts cheveux. Tes genoux sont frais comme deux oranges... Tourne-toi de mon côté, pour que les miens leur volent cette lisse fraîcheur...

Ah ! dormons !... Mille fois mille fourmis courent avec mon sang sous ma peau. Les muscles de mes mollets battent, mes oreilles tressaillent, et notre doux lit, ce soir, est-il jonché d'aiguilles de pin ? Dormons ! je le veux !

Je ne puis dormir. Mon insomnie heureuse palpite, allègre, et je devine, en ton immobilité, le même accablement frémissant... Tu ne bouges pas. Tu espères que je dors. Ton bras se resserre parfois autour de moi, par tendre habitude, et tes pieds charmants s'enlacent aux miens... Le sommeil s'approche, me frôle et fuit... Je le vois ! Il est pareil à ce papillon de lourd velours que je poursuivais, dans le jardin enflammé d'iris... Tu te souviens ? Quelle lumière, quelle jeunesse impatiente exaltait toute cette journée !... Une brise acide et pressée

Henri de Toulouse Lautrec, *Le lit*, Musée d'Orsay, Paris.

jetait sur le soleil une fumée de nuages rapides, fanait en passant les feuilles trop tendres des tilleuls, et les fleurs du noyer tombaient en chenilles roussies sur nos cheveux, avec les fleurs des paulownias, d'un mauve pluvieux de ciel parisien... Les pousses des cassis que tu froissais, l'oseille sauvage en rosace parmi le gazon, la menthe toute jeune, encore brune, la sauge duvetée comme une oreille de lièvre, – tout débordait

d'un suc énergique et poivré, dont je mêlais sur mes lèvres le goût d'alcool et de citronnelle...

Je ne savais que rire et crier, en foulant la longue herbe juteuse qui tachait ma robe... Ta tranquille joie veillait sur ma folie, et quand j'ai tendu la main pour atteindre ces églantines, tu sais, d'un rose si ému, – la tienne a rompu la branche avant moi, et tu as enlevé, une à une, les petites épines courbes, couleur de corail, en forme de griffes... Tu m'as donné les fleurs désarmées...

Tu m'as donné les fleurs désarmées... Tu m'as donné, pour que je m'y repose haletante, la place la meilleure à l'ombre, sous le lilas de Perse aux grappes mûres... Tu m'as cueilli les larges bleuets des corbeilles, fleurs enchantées dont le cœur velu embaume l'abricot... Tu m'as donné la crème du petit pot de lait, à l'heure du goûter où ma faim féroce te faisait sourire... Tu m'as donné le pain le plus doré, et je vois encore ta main transparente dans le soleil, levée pour chasser la guêpe qui grésillait, prise dans les boucles de mes cheveux... Tu as jeté sur mes épaules une mante[1] légère, quand un nuage plus long, vers la fin du jour, a passé ralenti, et que j'ai frissonné, toute moite, tout ivre d'un plaisir sans nom parmi les hommes, le plaisir ingénu des bêtes heureuses dans le printemps... Tu m'as dit : « Reviens... arrête-toi... Rentrons ! » Tu m'as dit...

Ah ! si je pense à toi, c'en est fait de mon repos. Quelle heure vient de sonner ? Voici que les fenêtres bleuissent. J'entends bourdonner mon sang, ou bien c'est le murmure des jardins, là-bas... Tu dors ? non. Si j'approchais ma joue de la tienne, je sentirais tes cils frémir comme l'aile d'une mouche captive... Tu ne dors pas. Tu épies ma fièvre. Tu m'abrites contre les mauvais songes ; tu penses à moi comme je pense à toi, et nous feignons, par une étrange pudeur sentimentale, un paisible sommeil. Tout mon corps s'abandonne, détendu, et ma nuque pèse sur ta douce épaule ; mais nos pensées s'aiment discrètement à travers cette aube bleue, si prompte à grandir...

Colette, « Le lit », *les Vrilles de la vigne*, Éd. Hachette, 1961.

1. Manteau.

Comprenons le texte

1. En comparant le premier et le dernier paragraphe, étudiez le comportement de la narratrice au début et à la fin de la nuit. Montrez comment l'auteur associe les sensations aux sentiments.

2. Quels profits a-t-elle tirés de cette insomnie ?

3. La promenade dans la nature : montrez la part que prennent les sens dans l'approche de la nature.

4. Quel effet cette promenade produit-elle sur la narratrice ?

5. Quelle signification symbolique peut-on donner au geste de l'amant qui « désarme » les fleurs ? En étudiant particulièrement les l. 42 à 63, dites comment se manifeste l'amour qu'il porte à la narratrice et définissez cet amour.

6. Comment se manifeste au cours de cette nuit la présence de l'amant et sa tendresse attentive ?

Un peu de vocabulaire

Quel est le sens du mot « allègre » ? Recherchez d'autres mots de la même famille.

Apprécions l'art de l'auteur

1. Relevez les images utilisées (comparaisons et métaphores). À quel domaine sont-elles empruntées ?

2. Relevez quelques allitérations et assonances. Que traduisent-elles ?

3. Quel effet la répétition du pronom « Tu » produit-elle (l. 49-73) ?

4. Certaines phrases sont répétées comme des refrains. Lesquelles ?

5. Regroupez vos observations et dites si l'on peut parler pour ce texte de poème en prose.

Allons plus loin

Qu'est-ce que le lyrisme ? Dans quelle mesure peut-on dire que ce texte est lyrique ? Recherchez des poèmes d'amour lyrique.

Philippe Djian

« ... Elle est partie, elle m'abandonne... ! »

Philippe Djian, né en 1949, est un écrivain contemporain maintenant connu du grand public par ses romans plus ou moins autobiographiques ; il écrit dans un langage direct qui n'exclut ni l'émotion, ni la poésie.

Dans 37°2 le matin, *adapté à l'écran par J.-J. Beineix, le narrateur s'occupe du gardiennage et de l'entretien d'un village de bungalows, dans un « trou ». Il vit avec Betty un amour passionné et anticonformiste. Le tempérament entier et violent de la jeune fille, toujours en révolte, aux réactions souvent imprévisibles, transforme l'existence du jeune homme.*

Un jour d'été, alors qu'ils viennent de se disputer, il éprouve le besoin de s'isoler et se met à repeindre un bungalow.

Le temps passait tout doucement et il y avait pas grand-chose qui changeait sauf que je grimpais et je descendais de l'échelle et que la température montait. Je me pressais pas, je me sentais même un peu engourdi, le blanc m'aveuglait à moitié. Le seul truc qui clochait, c'était le filet de peinture qui me coulait le long du bras, c'était assez désagréable, et je pouvais m'y prendre comme je voulais, j'y échappais pas, ça me chatouillait, ça me démangeait, ça m'écœurait. En fait, la peinture, c'était pas mon dada, on s'en met un peu trop partout et ça devient vite lassant.

Mais c'était exactement le genre de boulot dont j'avais besoin ce matin-là, quelque chose pour me débrancher la cervelle. Je voulais m'isoler un peu. J'ai même ralenti ma respiration, fermé à moitié les yeux. Ça a tellement bien marché que j'ai pas entendu le bruit du moteur. J'ai simplement vu la camionnette passer avec Betty derrière le volant.

J'ai reçu un coup de poignard dans le ventre. Elle est partie, je me suis dit, ça y est, elle est partie, elle m'abandonne... ! Ça m'a fait un mal de chien, j'ai senti que je paniquais mais j'ai continué à passer mon rouleau pendant deux ou trois secondes jusqu'à ce que ça marque plus du tout. Puis j'ai tout envoyé promener et j'ai cavalé vers la baraque[1] en priant pour qu'elle se soit pas tirée pour de bon, surtout pas avec la bagnole de la boîte. Je me suis rué à l'intérieur comme une bête sauvage, le souffle court, et il m'a fallu un moment avant de m'apercevoir qu'elle avait laissé toutes ses affaires. Il a fallu que je prenne une chaise, j'avais plus de jambes. Je devais être complètement dingue d'avoir réagi comme ça. Je me suis relevé pour aller toucher une nouvelle fois ses fringues, ses petites jupes, ses tee-shirts, je me serais envoyé des claques. J'ai vu aussi que mes petits carnets[2] étaient soigneusement rangés dans une boîte. Je me suis envoyé un grand verre d'eau et je suis retourné à mon boulot.

Plus tard, je suis revenu pour manger un morceau mais elle était toujours pas rentrée. C'est comme ça quand elles font des courses, j'ai pensé, ça prend toujours un petit moment. Je me suis fait des œufs mais j'avais pas faim, je trouvais que la baraque avait une drôle de gueule sans elle, je m'y sentais pas bien. J'arrivais pas à rester cinq minutes sans bouger. J'ai fait un peu de vaisselle puis j'en ai profité pour rapatrier les cartons qu'elle avait jetés dehors, j'ai remis un semblant d'ordre. Pourtant, je sentais que quelque chose avait changé, les choses me paraissaient beaucoup moins familières et l'air de la pièce avait un goût étrange, pour un peu je me serais cru chez un inconnu. C'était une sensation désagréable. Malgré la chaleur, j'ai préféré retourner à mes pinceaux, je suis sorti à reculons.

J'avais beau me répéter qu'elle était simplement partie faire deux ou trois trucs en ville, j'arrivais pas à me libérer d'une certaine angoisse, je me sentais même un peu nerveux. Je travaillais avec des gestes vifs et des petites gouttes de peinture sautaient dans tous les sens. J'avais l'impression d'avoir attrapé une maladie de peau. De temps en temps, une bagnole passait sur la route et je m'arrêtais pour la suivre des yeux du haut de mon échelle. Par-dessus les toits, je pouvais voir la

1. Là où ils habitent.

2. Le narrateur y a écrit un roman.

route sur des kilomètres, à part quelques branches qui me gênaient. Je devais ressembler à la vigie d'une espèce de rafiot de malheur pataugeant dans la mer des Sargasses[3]. Je m'usais les yeux à force de regarder cette route. Et pour la première fois, ce coin m'est apparu comme un vrai désert, comme un trou infernal, maintenant je comprenais ce qu'elle voulais dire. Vu sous cet angle, c'était pas quelque chose de très marrant. Mon paradis ressemblait à un bout de terrain vague grillé par le soleil, un truc dont personne aurait voulu. Bien sûr, je voyais ça de cette manière parce qu'elle était pas là, mais n'empêche qu'une fille pouvait prendre le monde et vous le retourner comme un gant, c'était plutôt agaçant.

Quand j'ai vu enfin la camionnette arriver, j'ai accroché mon rouleau à un barreau de l'échelle et j'ai allumé une cigarette. Le paysage a retrouvé son calme, les feuilles ont frémi légèrement dans les branches pendant que je me relaxais. Petit à petit, toutes les choses se remettaient en marche. J'ai lutté un moment contre le désir d'aller la rejoindre et quand j'ai senti que j'allais capituler, j'ai envoyé un bon direct dans la baraque, je me suis fait sauter toute la peau du poing sur le volet mais ça a marché, je suis pas descendu de mon échelle.

Philippe Djian, *37 °2 le matin*, 1985, Éd. Bernard Barrault.

Comprenons le texte

1. Dégagez les mouvements du texte et son thème principal.

2. Quelles conséquences l'absence de Betty a-t-elle sur le narrateur ? Commentez en particulier cette phrase : « Qu'une fille pouvait prendre le monde... plutôt agaçant » (l. 66-67).

3. Quand Betty revient, pourquoi le jeune homme lutte-t-il contre le désir d'aller la rejoindre ?

---

3. Dans l'océan Atlantique nord (entre les Antilles et la Floride) ; il y flotte en abondance des algues brunes appelées sargasses.

Apprécions l'art du récit

1. Relevez et commentez les images du texte (comparaisons, métaphores, expressions imagées).

2. Dans quel registre de langue le roman est-il écrit ? Quelles sont les caractéristiques de ce style ? Peut-on dire que ce texte « fait moderne » ? Justifiez votre opinion.

Exprimons-nous

1. Réécrivez le paragraphe (l. 17-33) dans un registe plus soutenu.

2. Le narrateur descend enfin de son échelle et rejoint Betty dans la baraque. Racontez la scène.

Lisons

Sur le thème de l'absence et de la séparation : *la Femme rompue,* de Simone de Beauvoir ; *le Temps d'un soupir,* d'Anne Philipe.

Léo Ferré

Avec le temps

Léo Ferré (né en 1916) compte parmi les plus grands auteurs-compositeurs de notre époque ; on lui doit de nombreuses chansons qui sont autant de poèmes et qui figurent parmi les classiques du genre. Il a également mis des poèmes en musique, en particulier ceux d'Aragon.

Avec le temps,
Avec le temps, va, tout s'en va
On oublie le visage et l'on oublie la voix,
le cœur, quand ça bat plus,
c'est pas là peine d'aller chercher plus loin
faut laisser faire, et c'est très bien

Avec le temps
Avec le temps, va, tout s'en va,
l'autre qu'on adorait, qu'on cherchait sous la pluie
l'autre qu'on devinait au détour d'un regard
entre les mots, entre les lignes et sous le fard
d'un serment maquillé qui s'en va faire sa nuit

Avec le temps,
Avec le temps, va, tout s'en va
Même les plus chouettes souvenirs, ça t'a une de ces gueules
A la Galerie J'Farfouille, dans les rayons de la mort,
le samedi soir, quand la tendresse s'en va toute seule

Avec le temps
Avec le temps, va, tout s'en va
l'autre à qui l'on croyait, pour un rhume, pour un rien,
l'autre à qui l'on donnait du vent et des bijoux
pour qui l'on eût vendu son âme pour quelques sous
devant quoi l'on s'traînait comme traînent les chiens
Avec le temps, va, tout va bien

Avec le temps
Avec le temps, va, tout s'en va
on oublie les passions et l'on oublie les voix
qui vous disaient tout bas les mots des pauvres gens
ne rentre pas trop tard, surtout ne prends pas froid

Avec le temps
Avec le temps, va, tout s'en va
Et l'on se sent blanchi comme un cheval fourbu
et l'on se sent glacé dans un lit de hasard
et l'on se sent tout seul peut-être mais peinard
et l'on se sent floué par les années perdues

Alors, vraiment,
Avec le temps, on n'aime plus.

Léo Ferré (paroles et musique),
disque *Avec le temps, les chansons d'amour de Léo Ferré*

Comprenons le texte

1. À quoi reconnaît-on que ce texte est une chanson ?

2. L'auteur reprend en leitmotiv l'expression courante, « Avec le temps » : quel est son sens ?

3. Relevez les principaux thèmes de la chanson.

4. Relevez les traits de style oral.

5. Quelles sont les conséquences du temps qui passe sur l'homme ?

6. Quelle est la tonalité de cette chanson ? Quels sentiments éveille-t-elle chez l'auditeur ?

7. Quelle image de l'amour est évoquée ici ? Comment qualifier l'amour selon Ferré ?

Allons plus loin

1. Le temps : réunissez quelques poèmes ou chansons qui traitent le thème du temps qui passe.
Relevez dans le dictionnaire des expressions comportant le mot « temps » et donnez leur sens.

2. Réalisez un montage de poèmes et de chansons sur le thème de l'amour.

Table des illustrations

Imprimerie de Montligeon - 61400 La Chapelle Montligeon
Dépôt légal : septembre 1994 - N° 16909
N° édition : 14211